Hans Jürgen Beins (Hrsg.)

Kinder lernen in Bewegung

Hans Jürgen Beins (Hrsg.)

Kinder lernen in Bewegung

BORGMANN

MEDIA

Dieses Buch enthält als Beigabe eine Video-DVD.
Sie ist nur zusammen mit diesem Buch erhältlich.

© 2007 by SolArgent Media AG, Basel

Veröffentlicht in der Edition:
BORGMANN MEDIA · Schleefstr. 14 · D-44287 Dortmund

Gesamtherstellung: Löer Druck GmbH, Dortmund

Bestell-Nr. 9370   ISBN 978-3-938187-24-1

Inhalt

Vorwort

Am Anfang war ... der Film! Praktiker, die Psychomotorik umsetzen, die Kindern und Jugendlichen Bewegung, Spiel und Wahrnehmung eröffnen, geben Einblicke in ihre Arbeit. Ob beim Erlebnisturnen mit 1,5 – 3,5-jährigen Kindern, im heilpädagogischen Kindergarten, im psychomotorischen Kindergarten, in der Grundschule, der Förderschule mit dem Förderschwerpunkt Geistige Entwicklung, dem Projekt M mit übergewichtigen Jugendlichen im Förderverein Psychomotorik Bonn oder im Schulalltag der Hauptschule, die Pädagogen und Therapeuten eint ihr Bemühen um eine bewegte psychomotorische Praxis. Prof. Dr. Renate Zimmer (z.B. „Toben macht schlau") und Dr. Wolfgang Beudels (z.B. „...das ist für mich ein Kinderspiel") äußern sich im Interview über den Zusammenhang von Bewegung und Lernen.

Im Buch werden die Themen des Films aufgenommen und vertiefend dargestellt. Die Praxis kommt auch hier nicht zu kurz!
Die Autorinnen und Autoren nutzen die Möglichkeiten ihrer pädagogischen Arbeit, um Kinder in Bewegung zu bringen und ihre Lernprozesse anzuregen. Sie geben dabei der Psychomotorik ihren Platz – auch wenn gesellschaftliche und individuelle Rahmenbedingungen dies nicht immer leicht machen.
So vernehmen wir täglich die berechtigte Besorgnis von Ärzten, Pädagogen, Therapeuten oder Politikern, dass Kindern in unserer hyperaktiven, hektischen und leistungsorientierten Gesellschaft zu wenig Zeit und Raum für eine spielerische Selbst- und Welterkundung haben.
„Kinder, denen nur noch wenig Gelegenheit zum Spielen bleibt oder geboten wird, verlieren die Lust am Spielen und damit die Lust am Entdecken, die Lust am Lernen. Womöglich geht ihnen sogar die Lust am Kindsein verloren." (Gebauer/Hüther)

Die Autoren schauen hierbei nicht hilflos zu, sie erhalten die Lust am Kindsein und die Freude am Lernen. Ihre pädagogische Arbeit ist geprägt von einem großen Optimismus und geht – ganz im Sinne der Psychomotorik nach Kiphard – von den individuellen Stärken und einer guten Beziehung zum Kind aus.

Also – ein Beitrag von Praktikern für Praktiker, der Mut macht, sich zu bewegen!

Marion Jost

Vom Stehaufmännchen zum Klettermax

Marion Jost

Vom Stehaufmännchen zum Klettermax – Erlebnisturnen für Kinder zwischen 1,5 – 3,5 Jahren

– Ein Eltern-Kind-Angebot –

Einleitung

Kleinkinder sind vom Aufwachen bis zum Schlafengehen fast ständig in Bewegung. Sie toben herum, klettern, hüpfen und rennen, sie entdecken dabei pausenlos neue und interessante Dinge, die für Erwachsene oft selbstverständlich sind. Andererseits ziehen sie sich plötzlich zurück, verkriechen sich z.B. gerne in „Höhlen", spielen für sich, um dann wieder die vertraute Nähe eines Erwachsenen aufzusuchen.
Über Bewegung erfahren sie etwas über sich selbst, über ihren Körper, über die Umwelt, verschiedene Materialien und auch über andere Kinder.
Sie lernen dabei also jede Menge.
Im Erlebnisturnen greifen wir die kindliche Bewegungs- und Erfahrungslust auf. Im Vordergrund stehen erlebnisorientierte Bewegungsangebote, die

„Bewegungs- und Erfahrungslust"

dem Kind die Möglichkeit geben, sich als wichtiges Mitglied der Gruppe zu erfahren, die den Aufbau eines positiven Selbstkonzeptes unterstützen und ihm Erfahrungen der Selbstwirksamkeit vermitteln.

Sprache und Kommunikation bilden neben der kindlichen Bewegungslust ein zentrales Thema. Zuhören, verstehen was gesagt wird, sich eigene Gedanken machen und diese in Sprache umzusetzen, Gefühle zum Ausdruck zu bringen, all diese Fähigkeiten benötigt ein Kind um zu kommunizieren.

Das Konzept

Die Eltern-Kind-Gruppe ist ein erlebnisorientiertes Angebot für Kinder mit ihren Eltern.
Das Spiel, die Bewegung und die Sprache bilden grundlegende Säulen dieser psychomotorischen Förderung. Die dadurch gewonnenen Impulse wirken auf lange Sicht positiv und haben sicherlich einen präventiven Charakter.
Acht bis zehn Kinder mit einem Elternteil treffen sich einmal wöchentlich unter Anleitung einer Gruppenleiterin oder eines Gruppenleiters. Gewöhnlich sind in diesen Gruppen Kinder zwischen 1,5 und 3,5 Jahren. Dadurch können bereits vor Kindergarteneintritt grundlegende Erfahrungen im Bereich der Ich-, Sozial- und Sachkompetenz gewonnen werden.

Das Eltern-Kind-Angebot lässt sich in drei Phasen aufgliedern:

- Der Begrüßungskreis
- Die Freispiel- und Bewegungsphase
- Der Abschiedskreis

Die Dauer des Gruppenangebotes beträgt zwischen 45 und 60 Minuten.

„Eine vorbereitete Spielumgebung"

In der psychomotorischen Spielsituation wird eine vorbereitete Umgebung geschaffen, die dem Kind spontanes Handeln erlaubt. Das Handlungsfeld, der Spielraum wird vom Gruppenleiter vorbereitet, das Kind bestimmt jedoch selbst, wie es das

Angebot aufnimmt und gestaltet. Im Zentrum steht das spielerische und freudvolle Bewegen.

Ziel psychomotorischer Förderung ist es, die Eigentätigkeit des Kindes zu fördern, es zum selbständigen Handeln anzuregen, durch Erfahrungen in der Gruppe zu einer Erweiterung seiner Handlungskompetenz und Kommunikationsfähigkeit beizutragen.

Grundelemente des psychomotorischen Angebotes:

– den eigenen Körper, die soziale und materiale Umwelt wahrnehmen und dabei alle Sinnen nutzen
– Kinder erhalten Spielräume für großräumige Bewegung, sie rollen, robben, krabbeln, kriechen, schaukeln, schwingen, hüpfen, springen, klettern, balancieren, toben, laufen oder rennen. Sie können auch Ruhe erleben und erfahren den Wechsel von Anspannung und Entspannung.
– Durch ihre Auseinandersetzung mit der Welt, durch ihr Spiel und ihre Kommunikation mit Kindern und Erwachsenen haben sie Gelegenheit ihre Ich-, Sach- und Sozialkompetenz zu entwickeln.

Ein wichtiger Ausgangspunkt für ihr Lernen ist hier, dass sich die Kinder selbst in Raum und Zeit wahrnehmen, um in ihrer Umwelt handeln zu können.

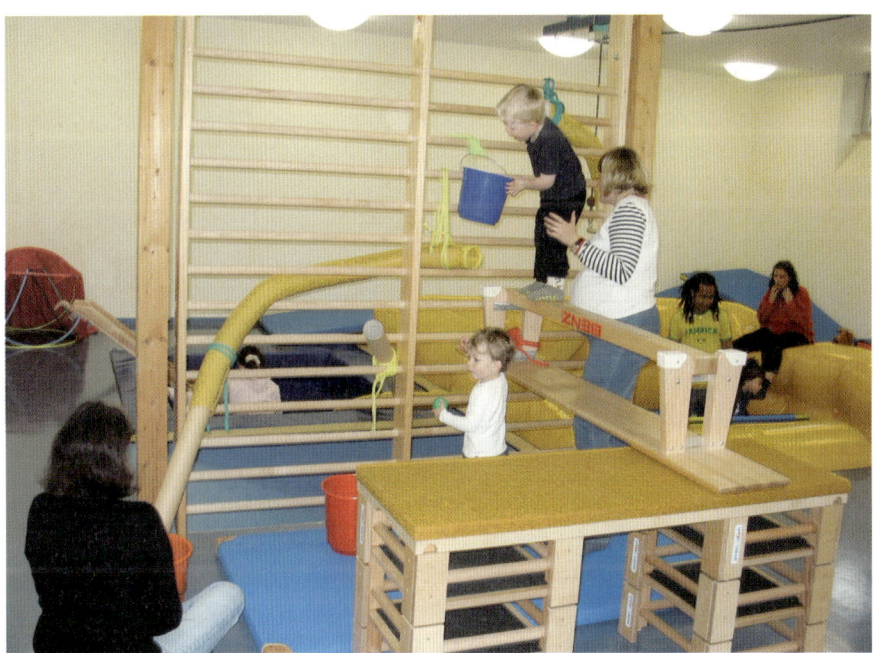

„Selbsttätig handeln"

13

Die Aufgabe der Gruppenleitung ist dabei:

- eine persönliche Beziehung zu Kindern und Eltern herstellen
- die Aktivitäten der Kinder durch die Gestaltung des Bewegungsraumes zu beleben und zu bereichern
- die Kinder, die Spielprozesse und Interaktionen zu (beob)achten
- die Kinder zu unterstützen und Erfolg bewusst zu machen
- sich zurücknehmen zu können
- das Kind auf dem Weg zur Selbständigkeit zu begleiten
- Schutz geben, wo dies notwendig ist

Die Leitlinien pädagogischen Handelns (vgl. Zimmer 1993) geben auch für das psychomotorische Erlebnisturnen eine gute Orientierung.

1. Kindgemäßheit
   Das Angebot wird auf die Interessen, Bedürfnisse und Fähigkeiten sowie den jeweiligen Entwicklungsstand der Kinder abgestimmt. Die Freude am Spiel und an der Bewegung steht im Vordergrund.

2. Offenheit
   Die Bewegungssituationen sollten offen sein für die Interessen und Ideen der Kinder. Das Kind wählt seine Tätigkeit aus und wird dabei nicht gestört. Ein klarer Orientierungsrahmen wie Anfang/Begrüßung und Ende/Abschied sowie Material- und Liedauswahl unterstützen die Planung eines Angebotes.

3. Freiwilligkeit
   Die Kinder können Ihren Interessen und Neigungen frei nachgehen. Sie bestimmen selbst über die Beteiligung, die Dauer, die Intensität oder die Unterbrechungen der Aktivitäten. Vor allem jüngere Kinder brauchen zunächst einmal Zeit zum Beobachten und Zuschauen und beteiligen sich dann ganz von selbst.

4. Erlebnisorientiertheit
   Das Bewegungsangebot orientiert sich an der unmittelbaren Erlebniswelt der Kinder. Der kindlichen Phantasieentwicklung sollte auch in Bewegungssituationen genügend Raum gegeben werden. (z.B. im Symbol- und Rollenspiel oder durch Mitmach- und Bewegungsgeschichten.)

5. Entscheidungsfreiheit
   Kinder sollten die Möglichkeit haben, selbstbestimmt zu handeln und eigene Entscheidungen für oder gegen eine Tätigkeit zu fällen.
   Erwachsene können sich von dem leiten lassen, was das Kind zeigt.

6. Selbsttätigkeit
   Das Bewegungsangebot fordert zum selbsttätigen Handeln auf. Das Handeln aus eigenem Antrieb steht im Vordergrund. Auf diesem Weg werden

Kinder befähigt, eigeninitiativ zu werden und für Ihr Handeln Verantwortung zu übernehmen.

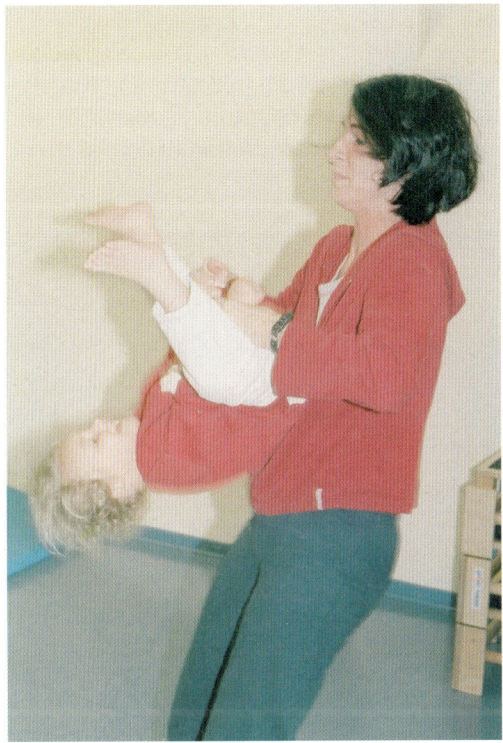

„Eltern als Spielpartner"

In Eltern-Kind-Gruppen sind Eltern Spielpartner, Vertraute und Helfer, wobei die Gruppenleitung immer darauf achten sollte, dass Eltern in ihrer Rolle die Aktivitäten und die Eigentätigkeit des Kindes nicht einengen, indem sie vorschnell Hilfe leisten. Im Sinne von Pikler (2001) wird den Kindern Zeit für ihre selbständige Bewegungsentwicklung gelassen. Es geht nicht darum, Kinder durch die elterliche Unterstützung zu bestimmten Bewegungsleistungen zu animieren, vielmehr können Eltern und Kinder sich über Bewegung und Spiel ein Feld intensiver Kommunikation erschließen.
Die Anwesenheit einer vertrauten Bezugsperson vermittelt dem Kind die Sicherheit, sich mit neuen Anforderungen auseinandersetzen zu können. Durch gemeinsame Bewegungsspiele kann die Beziehung zwischen Eltern und Kindern intensiviert werden, das Beobachtungs- und Einfühlungsvermögen der Eltern für die Entwicklung und für die Bedürfnisse ihrer Kinder wird gestärkt.

Im gemeinsamen Spiel mit ihrem Kind haben die Eltern auch die Chance, ihr Kind aus einer neuen Perspektive kennen zu lernen, es im Spiel mit anderen zu erleben, ihm Vertrauen bei der Eroberung neuer Bewegungsräume und damit auch bei der Erweiterung seines Handlungsspielraumes zu geben.

Für die unmittelbare Beziehung zwischen Eltern und Kinder ist das gemeinsame Spielen von unschätzbarer Bedeutung. So erleben Kinder ihre Eltern in einer anderen Rolle, als es meist im Alltag üblich ist.

„Ungewohntes ausprobieren"

Ein weiterer Vorteil von Eltern-Kind-Gruppen liegt darin, dass die Eltern hier psychomotorische Selbsterfahrungen machen können. So kann es auch Eltern gut tun, wenn sie über den Weg der Sinneserfahrungen, Sprach- und Bewegungsspiele mit ihren Kindern selbst neue, positive Spiel- und Körpererfahrungen machen.
Oft werden sie von der Unbekümmertheit und Spontaneität der Kinder angesteckt, spielen phantasievoll, probieren Ungewohntes aus und entdecken

Dinge wieder, die im Alltag schnell verloren gehen. Schließlich ist eine ungeteilte Aufmerksamkeit ein großer Gewinn für alle Beteiligten.

Warum ist Singen so wichtig? Kleine Anmerkung zu Bewegung und Sprache

„Fachleute schätzen heute, dass Vorschulkinder in durchschnittlichen Familien pro Tag nur noch 10 bis 12 Minuten zusammenhängende Originalsprache hören..." (Patzlaff, S. 57).

Es ist ganz offenkundig, dass Sprache ein wesentlicher Bestandteil kindlicher Entwicklung ist. Aktuell geht ein Aufschrei durch die Fachwelt, dass zunehmende Sprachentwicklungsauffälligkeiten im Kindergartenalter zu beobachten sind. Der Spracherwerb beginnt nicht erst mit der Geburt und dem ersten gesprochenen Wort, sondern möglicherweise schon sehr viel früher. Dabei gibt es im alltäglichen Zusammenleben mit Kindern sehr viele Unterstützungsmöglichkeiten und das bereits unmittelbar nach der Geburt.

Babys zeigen bereits in den ersten Lebenstagen ein großes Interesse an Lauten, Geräuschen und Stimmen. Lange bevor sie selber sprechen können, entwickelt sich ihr Sprachverständnis und das gilt es zu nutzen.

Wie können Eltern und andere Betreuungspersonen den Spracherwerb unterstützen?

Der Spracherwerb hängt im Wesentlichen davon ab, in welcher Form kleine Kinder durch Worte wie z.B. Babytalk und zunehmend komplexer werdenden Sätzen angeregt werden. Neben dem miteinander Sprechen und dem Kommentieren von Alltagshandlungen, erhält das Singen einen wichtigen Stellenwert im Anregungsrepertoire von Eltern und Erziehern.

Bereits bei sehr kleinen Kindern lässt sich beobachteten, dass Singen einerseits beruhigend wirkt und andererseits sehr beeindruckende Reaktionen hervorrufen kann. Singen ist für die sprachliche Entwicklung von sehr großer Bedeutung weil sie vieles zugleich umfasst:

– Spielen mit der Stimme
– Körperkontakt
– Agieren und Sprechen
– Wiederholung
– Zeichensprache
– Rollentausch
(vgl. Clark/Ireland, S. 82).

Die Stimmen von Eltern und Kindern reichen aus, um gemeinsam aktiv zu werden. Es kann überall gesungen werden, in der Badewanne, beim Kochen, beim Spaziergang, beim Wickeln, im Auto oder in einer Eltern-Kind-Gruppe. Das gemeinsame Singen ist Eigenaktivität und Kommunikation und lässt sich durch CDs oder MCs nicht ersetzen.

Einblicke in die Praxis

Begrüßungskreis

Hier finden Sie nun Lieder, Finger- und Reimspiele, Mitmachgeschichten und anderes. Zu Beginn des Eltern-Kind-Angebotes ist ein immer wieder-kehrendes Begrüßungs- und auch Abschiedslied wünschenswert, da ein solcher Ordnungsrahmen Sicherheit und Orientierung für die Kinder bietet.

Begrüßen I (mündlich überliefert)
Habt ihr heut die/den …. schon geseh'n?
Ja wir seh'n sie/ihn laufen, ja wir seh'n sie/ihn laufen?
Habt ihr heut die/den …. schon geseh'n? Ja die/der …. ist heut da?
(Kinder und Eltern sitzen im Kreis. Das benannte Kind läuft alleine oder mit dem Elternteil außen um die anderen herum. Die Melodie ist beliebig.)

Begrüßen II (Text und Melodie: Gerda Bächli. Original: Wir stehen im Kreis, Hug & Co. Musikverlage, Zürich)

Wir sitzen im Kreis

Wir sit - zen im Kreis, ja das sind wir! Nun

seht euch ein - mal um: Wer ist denn hier? Sa -

bi - ne ist hier und Pe - ter ist hier und Ros-ma-rie ist

hier... und al - le mit - ein - an - der das sind wir!

Wir sitzen im Kreis,
ja das sind wir!
Nun seht euch einmal
um: Wer ist denn hier?

Sabine ist hier und Peter ist hier
und Rosmarie ist
hier... und alle miteinander
das sind wir!

(Das Schauen wird durch eine Geste begleitet, z.B. die Hand über das Auge halten)

Das Sonnenlied (mündlich überliefert)
Schön ist die Sonne, hell und klar ihr Schein, keiner mag ohne Sonne sein. Eine dicke Wolke hat sie zugedeckt, doch sie sagt:" Hier bin ich, ich hab mich nur versteckt."
(Die Sonne wird mit den Händen als großer Ball gezeigt. Die Wolke entsprechend einer Wolke. Das Zudecken erfolgt durch das Verdecken des eigenen Gesichtes mit den Händen. Danach das Wiederaufdecken: Hier bin ich!)

Das Hoch- und Tieflied (mündlich überliefert)
1. Einmal hoch und einmal tief, einmal gerade einmal schief, einmal dunkel, einmal hell, einmal langsam, einmal schnell.
2. Einmal auf und einmal zu, einmal ich und einmal du, einmal laut und einmal leise geh´n die Finger auf die Reise.
   (Das Gesungene wird in Bewegung umgesetzt. Melodie ist beliebig.)

Keine Kunst (mündlich überliefert; © für das Lied Wolfgang Hering. Quelle: Bewegungslieder für Kinder, Rowohlt Hamburg 2002)

Hände schütteln,
Hände schütteln
ist gar keine Kunst.
Rechte Hand schütteln,
linke Hand schütteln
rechte Hand, linke Hand,
beide Hände schütteln.

Schulter klopfen,
Schulter klopfen
ist gar keine Kunst.
Rechte Schulter klopfen,
linke Schulter klopfen,
rechte Schulter, linke Schulter,
beide Schultern klopfen.

Knie kitzeln, Knie kitzeln
ist gar keine Kunst.
Rechtes Knie kitzeln, linkes Knie
kitzeln,
rechtes Knie, linkes Knie,
beide Knie kitzeln.

Finger wackeln, Finger wackeln
ist gar keine Kunst.
Rechte Finger wackeln, linke
Finger wackeln,
rechte Finger, linke Finger
alle Finger wackeln.

Hört mal (© für das Lied Wolfgang Hering. Quelle: Bewegungslieder für Kinder, Rowohlt Hamburg 2002)

Hört mal

Hört mal, ich klatsch euch was vor: Und noch - mal, dann geht das ins Ohr: Hört her und klatscht ein - fach mit: Ich glaub fast, das wird mal ein Hit: whow!

> Hört mal, ich pfeif ...
>
> Hört mal, ich schnalz ...
>
> Hört mal, ich grunz ...
>
> Hört mal, ich knatsch ...
>
> Hört mal, ich nies ... (Hatschi)
>
> Hört mal, ich mach euch was vor ...
>
> Schluss:
>
> ... ich glaub fast, das ist unser Hit: whow!

Das Lied über Mich (Text und Musik: Volker Rosin, aus: Volker Rosin, Affenschrille Hitbananen 1, © Moon-Records-Verlag, Düsseldorf)

Das Lied über Mich

1. Es gibt Lie-der ü-ber Hun-de, wau-wau-wau. Und auch Lie-der ü-ber Kat-zen, miau, miau, miau. Nur das ei-ne Lied, das gibt's noch nicht, und das ist das Lied ü-ber mich: _____ Ich hab' Hän-de, so-gar zwei, und auch Haa-re, mehr als drei. Ich hab' ei-nen run-den Bauch, und 'ne Na-se hab' ich auch. Ich hab' links und rechts ein Bein und ein Herz, doch nicht aus Stein. Und jetzt win-ke ich dir zu: Hal-lo du, du, du!

Das Lied über Mich

1. Es gibt Lieder über Hunde,
   wau, wau, wau.
   und auch Lieder über Katzen,
   miau, miau, miau.
   Nur das eine Lied, das gibt's noch nicht,
   und das ist das Lied über mich!

Refrain:
Ich hab' Hände, sogar zwei,
und auch Haare, mehr als drei
Ich hab' einen runden Bauch
und 'ne Nase hab' ich auch.
Ich hab' links und rechts ein Bein
und ein Herz, doch nicht aus Stein.
und jetzt winke ich dir zu:
Hallo du, du, du!

2. Es gibt Lieder über Autos,
   brum, brum, brum.
   Und auch Lieder über Bienen,
   sum, sum, sum.
   Nur das eine Lied, das gibt's noch nicht,
   und das ist das Lied über mich!

3. Es gibt Lieder über's Lachen,
   ha, ha, ha.
   Und auch Lieder über's Schimpfen,
   na na na.
   Nur das eine Lied, das gibt's noch nicht,
   und das ist das Lied über mich!

4. Es gibt Lieder über's Trinken,
   gluck, gluck, gluck.
   Und auch Lieder über's Hühnchen,
   tuck tuck tuck.
   Nur das eine Lied, das gibt's noch nicht,
   und das ist das Lied über mich!

Fingerspiele

Früher beherrschten Mütter bzw. Großmütter viele Reime, Fingerspiele und Mitmachgeschichten. Sie konnten diese Kenntnisse abrufen und profitierten von einer lebendigen Überlieferung. Viele dieser Spiele scheinen verloren gegangen zu sein, doch sie lassen sich wiederentdecken. Mit etwas Neugier und viel Freude an solchen „Kinkerlitzchen" wird es eine Wonne für alle Beteiligten. Damit diese Geschichten und kleinen Theaterstücke gut ankommen, versuchen Sie Stimmlage, Ausdrucksstärke, Mimik und Gestik dem Inhalt des Textes anzupassen. Es lohnt sich.

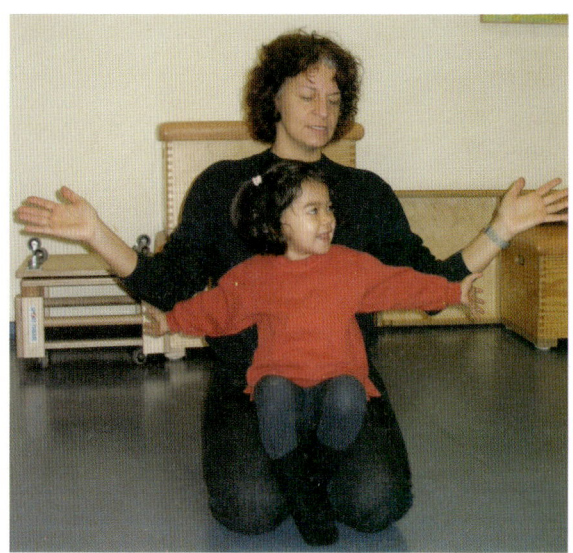

Das kleine Hexenhaus (mündlich überliefert)
Es steht ein kleines Hexenhaus, da gucken die merkwürdigsten Leute zum Fenster heraus.
Im ersten sitzt die Hexe Itzelbitz.
Im zweiten der Zauberer Mumpelfitz.
Im dritten der Rabe Hokuspokus.
Im Vierten Koboldinchen von Krokus
und im fünften Fenster, da geistern die Gespenster.
(Die Geschichte mit den fünf Fingern der Hand erzählen.)

Fünf Finger gehen auf die Reise (mündlich überliefert)
Eins, zwei, drei, vier, fünf Finger gehen auf die Reise.
Der Daumen, der steigt in den Omnibus.
Der Zeigefinger geht zu Fuß.
Der Mittelfinger fährt mit der Eisenbahn.

Der Ringfinger schwimmt auf einem Kahn.
Ins Flugzeug steigt der kleine Mann, schaut sich die Welt von oben an.
(Die Finger einer Hand abzählen und die Geschichte erzählen.)

Pim und Pam (Aus: Wolfgang Hering, Kunterbunte Bewegungshits, ISBN 3-931902-90-0, Münster 2002, Ökotopia Verlag)
Mein Daumen an der rechten Hand, schaut mal, der heißt Pim, der andere heißt Pam.
Pim und Pam, die strecken sich, Pim und Pam, die necken sich, Pim und Pam verstecken sich, und keiner kann sie sehn.

Mein rechter Zeigefinger, schaut mal, der heißt Tipsi, der andere heißt Tapsi. Tipsi und Tapsi schaun sich an, tippsen sich vor Freude an. Alle schaukeln hin und her und freuen sich so sehr.
Mein rechter Mittelfinger, schaut mal, der heißt Lusi, der andere heißt Lasi, Lusi und Lasi schauen sich an, tippsen sich vor Freude an. Alle schaukeln hin und her und freuen sich sehr.

Mein rechter Ringfinger, schaut mal, der heißt Ringli, der andere heißt Rangli. Ringli und Rangli schauen sich an, tippsen sich vor Freude an. Alle schaukeln hin und her und freuen sich sehr.
Mein rechter kleiner Finger, schaut mal, der heißt Dünni, der andere heißt Donni. Dünni und Donni schauen sich an, tippsen sich vor Freude an und alle Finger tanzen einen Tipsi-Tupsi-Tanz.

Am Ende der ersten Strophe verschwindet der Daumen in der Faust. Danach tauchen allmählich die anderen Finger auf. Für die Kinder ist es eine gute Übung zu versuchen, den Mittel-oder Ringfinger einzeln zu bewegen.

Folgende Geschichten sind ebenfalls gut geeignet.

„Ein Käfer fängt zu klettern an" und „Fünf kleine Äffchen" (Hering, 2002b)

Mitmachgeschichten

Der Riese Timpetu (mündlich überliefert)
Pst! Ich weiß was, hört gut zu: War einst ein Riese Timpetu.
Der arme Bursche hat – oh Graus, im Schlafe nachts verschluckt 'ne Maus.
Er lief zum Doktor Isegrimm: „Ach Dokotor, mir geht's heute schlimm. Ich hab im Schlaf 'ne Maus verschluckt, sie sitzt im Bauch und kneift und druckt."
Der Doktor war ein kluger Mann, man sah´s ihm an der Brille an. Er hat ihm in den Hals geguckt: „Wie? Was? Eine Maus hast du verschluckt? Verschluck 'ne Mietzekatz dazu, dann lässt die Maus dich gleich in Ruh!"

Während des spannungsreichen Erzählens werden die einzelnen Abschnitte mimisch und gestisch dargestellt.

Kasperletheater (mündlich überliefert)
Sch, sch, sch, der Vorhang geht auf.
Die flachen Hände öffnen sich zur Seite.
Das ist der Kaspar. Und das ist der Seppel.
Rechter und linker Zeigefinger.
Die beiden sind zwei lustige Gesellen. Manchmal schlagen sie sich
und dann vertragen sie sich.
Zeigefinger berühren sich entsprechend.
Da kommt die Hexe Höckerbein: „Kaspar, du sollst verzaubert sein."
Gekrümmter linker Zeigefinger.
„Ne, ne Hexe, da wird nichts draus, ab mit dir in das Hexenhaus."
*Der rechte Zeigefinger bewegt sich hin und her und verscheucht den
linken Zeigefinger.*
Da kommt das große Krokodil, das frisst viel.
Linke Hand öffnet und schließt sich.
Das hat den Kaspar fast verschluckt, der ruckt und zuckt und zuckt und
ruckt.
Die linke Hand umschließt den rechten Zeigefinger.
Ei da daus, da ist der Kaspar wieder raus.
Rechter Zeigefinger befreit sich.
„Komm mal her, du Krokodil, ab mit dir in den Nil!"
Rechter Zeigefinger verscheucht das Krokodil.
„So Kinderlein, jetzt ruf ich mir das Gretelein:"
„Gretelein!"
(Alle Teilnehmer rufen mit.)
„Wir wollen froh und lustig sein."
Die Zeigefinger wackeln hin und her.
Tritratrullala, tritratrullala, der Kaspar, der ist wieder da.
Tschüss, Kinder.
Sch, sch, sch, der Vorhang geht wieder zu.
Die flachen Hände schließen sich zur Mitte hin.

Das Fingerchenspiel (mündlich überliefert)
Mit Fingerchen, mit Fingerchen mit flacher, flacher Hand, mit Fäusten, mit
Fäusten, mit Ellenbogen dann.
Leg die Hände auf den Kopf, form daraus ´nen Blumentopf. Leg die Finger
zu 'ner Brille und sei dann ein bisschen Stille.
Psst!!....
Wir schießen mit Bohnen, mit Äpfeln und Zitronen. Piff, Paff, Puff.
*Mit beiden Händen darstellen. Zum Schluss die Zeigefinger einsetzen und
damit den Spielpartner in die Seiten pieksen.*

Klein Häschen (mündlich überliefert)
Klein Häschen wollt spazieren gehen, spazieren ganz allein.

Es hat den Bach dort nicht gesehn und plumps fiel es hinein.

Der Bach trieb rasch dem Tale zu, dort wo die Mühle steht und wo sich ohne Rast und Ruh das große Mühlrad dreht.

Ganz langsam drehte sich das Rad fest hielt's der kleine Has, und als er endlich oben war, sprang er vergnügt ins Gras.

Der Hase lief ganz schnell nach Haus, vorbei war die Gefahr. Die Mutter (der Vater) rubbelt froh sein Fell, bis das es trocken war.

Praxis Bewegungs- und Freispielphase

Bewegungslandschaft

In der Planung und im Aufbau einer Bewegungslandschaft sollten folgende Grundaspekte berücksichtigt werden:

Die Geräteaufbauten und Materialien sollten entwicklungsgemäß und altersgerecht sein. Der Aufbau sollte anregungsreiche Gerätekombinationen zum Rutschen, Klettern, Kriechen, Krabbeln, Rollen, Balancieren, Schaukeln, Springen, Hüpfen und Schwingen ermöglichen. Er sollte die Neugierde wecken und einen bewegungsanregenden und auffordernden Charakter innehaben. Die Kinder sollten sich in der Auseinandersetzung mit den Aufgaben selbständig und mit wenig Hilfe betätigen können.

Durch die Vielseitigkeit des Aufbaus können jüngere wie ältere Kinder und schwächere wie leistungsstärkere Kinder ein abwechslungsreiches Betätigungsfeld für sich finden.

In der Bewegungs- und Freispielphase ist es wünschenswert Geräte und Materialien einzusetzen, welche die Lust an Bewegung, Spiel und sozialem Miteinander unterstützen und fördern. Vielfältige Anregungen für Aufbauten und Gerätekombinationen finden Sie z.B. bei Krawietz u.a. (1997) oder Beudels u.a. (1994).

„Vielfältig bewegen und spielen"

27

Empfehlung für eine mögliche Geräte- und Materialausstattung

Großgeräte:

- Sprossenwand
- Kleiner Kasten (zwei bis vier Stück)
- Großer Kasten
- Turnbank kurz und lang
- Leiter/Hühnerleiter
- Leichtbodenmatten (vier bis sechs Stücke)
- Dünne Matten (zehn Stück)
- Weichbodenmatte
- Stapelbare Hocker (vier bis acht Stück)
- Große Schaumstoffelemente
- Schaukelaufhängung
- Varussell

„Experimente mit dem Varussell"

Kleingeräte:

- Schwungtuch
- Reifen

- Springseile
- Softbälle
- Chiffontücher
- Sandsäckchen/Bohnensäckchen
- Luftballons
- Tennis- und Tischtennisbälle
- Heulrohre
- Rollbretter
- Zauberschnur
- Stäbe

Alltagsmaterialien:

- Bierdeckel
- Filmdöschen
- Garnrollen
- Pappschachteln
- Papprollen
- Zeitung
- Plastikfolie
- Bettbezug/Bettlaken
- Teppichfliesen
- Kartons
- Teppichbodenrollen
- Unterschiedliche Dosen
- Kastanien/Korken
- …

Praxis Verabschiedungskreis

Das Bärenlied (mündlich überliefert)
Schläft der Bär, der kleine Bär in seiner Höhle ein. (2x)
Er ist nicht gefährlich, doch ich sag's euch ehrlich, traut ihm nicht er könnte
einmal schlechter Laune sein.
Die Eltern/Kinder gehen um die schlafenden Bären herum und singen oder
sprechen das Lied. Dann nähern sie sich vorsichtig den Bären und strei-
cheln diese behutsam, um sie zu wecken.

Das Katzenlied (mündlich überliefert)
Bimm-Bamm-Bommel, die Katze schlägt die Trommel.
 Mit flachen Händen auf den Boden schlagen.
Zehn kleine Mäuse, die tanzen in der Reih.
Zehn Finger laufen in der Reihe hin und her.
Und der dicke Kater schlägt den Takt dabei.
 Beide Hände sind gefaustet und trommeln auf den Boden.

Die Spinnen – ein Kitzelspiel für den Rücken

Hoch oben in den Regenrinnen sitzen zwei kleine freche Spinnen.
> *Beide Hände laufen mit den einzelnen Fingern auf den Schultern hin und her.*

Hi-Hi-Hi so denken sie munter, jetzt kommen wir zu dir herunter…
> *Beide Hände trippeln senkrecht den Rücken herunter.*

Sie krabbeln hin, sie krabbeln her, das fällt den Spinnen gar nicht schwer.
> *Mit beiden Händen kreisförmig von unten nach oben laufen.*

Kommt der Wind und schaukelt dann unsere kleinen Spinnen an.
> *Mit den flachen Händen zweimal von unten nach oben und umgekehrt streichen.*

Doch die kleinen frechen Spinnen ziehen sich hoch zu ihren Rinnen.
> *Mit den Fingern den Rücken hinauf krabbeln.*

Oh, la, la was fühlen sie da, deine Seiten sind ja auch noch da.
> *Mit den Fingern an beiden Körperseiten nach unten krabbeln.*

Hi-hi-hi, jetzt beißen sie zu und verschwinden dann im Nu.
> *Mit beiden Händen in die Hüften zwicken und dann die Hände verstecken.*

(Aus: Beins/Cox 2001)

Die Kinder sind verschwunden / Meine Hände sind verschwunden
(mündlich überliefert; © für das Lied Wolfgang Hering. Quelle: Bewegungslieder für Kinder, Rowohlt, Hamburg 2002)
Die Kinder sitzen oder liegen auf Matten. Das Schwungtuch wird auf und ab
bewegt. Bei der zuvor vereinbarten Zahl drei werden die Kinder versteckt.
Es wird gesungen: Die Kinder sind verschwunden, wir haben keine Kinder
mehr. Ja wo sind sie denn, ja wo sind sie denn, wir können sie gar nicht
sehen.
Kinder werden aufgedeckt und das Lied endet mit: Ei, da sind die Kinder
wieder! Tralalala la la la.

Meine Hände sind verschwunden

Meine Nase ist verschwunden,
ich habe keine Nase mehr.
Ei, da ist die Nase wieder!
Tralalala la la la.

Meine Augen sind verschwunden,
ich habe keine Augen mehr.
Ei, da sind die Augen wieder!
Tralalala la la la.

Meine Ohren sind verschwunden...

Meine Finger sind verschwunden...

Mein Mund,
der ist verschwunden...

Folgende Spiele sind ebenfalls gut geeignet:
„Das Taubenhaus" und „Hoch am Himmel" (Hering 2002)

Aufstellung im Kreis. Bei „Hoch am Himmel" strecken und bei „tief auf der Erde" bücken sich alle. Die nach oben gestreckten Armen werden zum „rundherum ist Sonnenschein" seitlich nach unten bewegt. Danach zeigen die Mitspieler auf sich selbst. Ein Kind wählt ein Tier aus, macht die Bewegungen/Tierlaute vor, und alle anderen versuchen es nachzumachen.

Abschiedsspruch (mündlich überliefert)
Die Uhr schlägt bum, die Zeit ist um, das Spiel ist aus, wir gehen nach Haus.

Abschiedslied

Wir schütteln uns die Hände (Text: Reinhard Feuersträter, Musik: Reinhard Horn. © KONTAKTE Musikverlag, 59557 Lippstadt)

Strophe 2
Wir nicken mit dem Kopf ...

Strophe 3
Wir drehen uns im Kreis ...

Strophe 4
Wir stampfen mit dem Fuß ...

Strophe 5
Wir klatschen in die Hände ...

Strophe 6
Wir springen in die Luft ...

Strophe 7
Wir gehen in die Hocke ...

Strophe 8
Wir beugen uns nach vorne ...

Strophe 9
Wir klimpern mit den Augen ...

Strophe 10
Wir drücken uns ganz feste ...

Literatur

Beins, H.J./Cox, S.: „Die spielen ja nur!?" Psychomotorik in der Kindergarten-praxis. Dortmund 2001

Beudels, W./Lensing-Conrady, R./Beins, H.J.: ... das ist für mich ein Kinder-spiel. Handbuch zur psychomotorischen Praxis. Dortmund 1994

Clark, L./Ireland, C.: Sprechen lernen – lernen durch Sprechen. München 1998

Hering, W.: Bewegungslieder für Kinder. Hamburg 2002 a

Hering, W.: Kunterbunte Bewegungshits. Münster 2002 b

Krawietz A./Krawietz C./Rohr M./Schröder F.: Heut, bin ich Pirat! Bewegungs-angebote im Kindergarten. Hrsg. Sportjugend Hessen. Frankfurt 1997

Patzlaff, R.: Sprache als künstlerisches Medium der Erziehung. In: Gebauer, K./ Hüther, G.: Kinder brauchen Spielräume. Düsseldorf 2003

Pikler, E.: Laß mir Zeit. Die selbständige Bewegungsentwicklung des Kindes bis zum freien Gehen. München 2001

Rosin, V.: Der Frosch im roten Cabrio. 14 neue Kinderhits zum Singen, Spielen und Tanzen. Düsseldorf 2001

Stein, G.: Kleinkinder Turnen ganz groß. Aachen 2002

Zimmer, R.: Handbuch der Bewegungserziehung. Freiburg 1993

Hans Jürgen Beins

Spielen ist lustvolles Lernen

Hans Jürgen Beins

Spielen ist lustvolles Lernen – Psychomotorik im Kindergarten

„Kinder, denen nur noch wenig Gelegenheit zum Spielen bleibt oder geboten wird, verlieren die Lust am Spielen und damit auch die Lust am Entdecken, die Lust am Lernen. Womöglich geht ihnen sogar die Lust am Leben, am Kindsein verloren."
(Gebauer/Hüther 2003, S. 165)

„Lust am Spielen – Lust am Lernen"

Strahlende Augen, eine große Lust die Dinge zu erforschen und viele Fragen über das Leben sind typisch für Kinder im Kindergartenalter. Die Offenheit der Kinder für neue (Lern)Erfahrungen ist spätestens seit der OECD-Studie Pisa wieder ein brennendes Thema. Über die Möglichkeiten frühkindlicher Bildung, über verpasste Chancen und die „richtigen" Wege wird gestritten. Würde die Erzieherin manchem Politiker oder Wissenschaftler folgen, ginge der Weg von der Kuschelecke gradlinig in die Kinderuniversität. Dann könnte die Zukunft des modernen Kindergartens etwa so aussehen: Nach dem Besuch des Zahlenlandes, erhalten die Kinder spielerischen Englischunterricht, lernen beim Eselritt auf dem Biobauernhof etwas über ökologische Tier- und Pflanzenzucht und gehen dann zum Sport, denn auch der Körper darf nicht zu kurz kommen.

Natürlich soll den Kindern noch Zeit zum Malen, Bauen, Darstellen und all den anderen Spieltätigkeiten bleiben. Von der Erzieherin wird die individuelle Förderung der Kinder gefordert, natürlich inklusive einer ausführlich beschreibenden Dokumentation. Qualität wird allseits gefordert – „kostenneutral" versteht sich.

Orientierung wird bei den wenigen Frühpädagogen in Deutschland oder bei Modellen guter Praxis in anderen Ländern gesucht. Bildung ist Ländersache, entsprechend erstellt jedes Bundesland seinen eigenen Bildungsplan. Inhalte, Umfang und die äußere Form unterscheiden sich dabei deutlich. Unabhängig vom Bundesland ist in vielen Kindergärten Verunsicherung und Orientierungslosigkeit spürbar: In welche Richtung fährt der „Bildungszug". Wie die hohen Ziele umsetzen, wenn die Rahmenbedingungen sich nicht verbessern? Wird der Kindergarten zur Vorschule? Welchen Stellenwert hat das kindliche Spiel? Welche der Praxisangebote sind noch sinnvoll? ...

Gut an der Diskussion ist zweifelsohne, dass der Kindergarten endlich als wichtige Bildungseinrichtung wahrgenommen wird. Die frühe Bildung ist ein Thema der Forschung und Praxis geworden. Dabei spielt die große Lernfähigkeit im frühen Kindesalter eine große Rolle. Das Recht des Kindes auf frühe Bildung wird festgeschrieben. Was aber wird mit dem Begriff „Bildung" im Kindergarten verbunden?

Bildung

Der fast vergessene, etwas verstaubt klingende Begriff „Bildung" hat wieder Hochkonjunktur, und dies interessanter Weise in der Kindergartenpädagogik. Der Begriff wird nicht einheitlich benutzt. Häufig wird „Bildung" in Abgrenzung zur Erziehung genutzt und betont die Eigenaktivität des Kindes. Bildung wird als Selbstbildung verstanden. In der Erwachsenenbildung ist diese Erkenntnis schon lang Konsens – zu Angeboten der „Erwachenenerziehung" würde sich wohl kaum jemand hingezogen fühlen.

Mit der Betonung des Bildungsbegriffes in der Kindergartenpädagogik wird die Eigenaktivität des Kindes hervorgehoben. Die Erzieherin schafft Erfahrungsräume, stellt Gelegenheiten bereit und begleitet die Kinder auf ihrem eigenen „Bildungsweg". Ein kleiner Einblick in einige Bildungsvereinbarungen bzw. Bildungs- und Erziehungspläne macht dies deutlich:

„Bildung betont die Eigenaktivität"

Bildung „...umfasst nicht nur die Aneignung von Wissen und Fertigkeiten. Vielmehr geht es im gleichen Maße darum, Kinder in allen ihnen möglichen, insbesondere in den sensorischen, motorischen, emotionalen, ästhetischen, kognitiven, sprachlichen und mathematischen Entwicklungsbereichen zu begleiten, zu fördern und herauszufordern. Die Entwicklung von Selbstbewusstsein, Eigenständigkeit und Identität ist Grundlage jedes Bildungsprozesses."
(Bildungsvereinbarung NRW)

Bildung wird verstanden „als die Aneignungstätigkeit, mit der sich der Mensch ein Bild von der Welt macht", ...ein Bild von sich selbst, von anderen und von dem Weltgeschehen. „Bildung ist ein aktiver, sozialer und sinnlicher Prozess".
(Berliner Bildungsprogramm)

„Kinder gestalten ihre Bildung und Entwicklung von Geburt an aktiv mit und übernehmen dabei entwicklungsangemessene Verantwortung, denn der Mensch ist auf Selbstbestimmung und Selbsttätigkeit hin angelegt. ... Im Bildungsgeschehen nehmen Kinder eine aktive Gestalterrolle bei

ihren Lernprozessen ein, sie sind Akteure mit eigenen Gestaltungsmöglichkeiten."
(Der Bayerische Bildungs- und Erziehungsplan)

„Ausgangspunkt ist das Bild vom Kind als aktiv Lernendem, das in seiner Auseinandersetzung mit der Umwelt Sinn und Bedeutung sucht.
In diesem Sinne wird Bildung einerseits als Selbstbildung verstanden. Damit wird jener Aspekt betont, der die Eigenaktivität der Kinder beschreibt, nämlich die Entscheidung darüber, wie sie die Menschen, die Dinge bzw. ihr eigenes Können sehen und was dies ihnen bedeutet. Dieser Prozess ist andererseits eingebunden in soziale, kulturelle und religiöse Umgebungen und Entscheidungen darüber, mit welchen Erfahrungen Kinder sich auseinandersetzen sollen und welche Gelegenheiten ihnen dafür bereitgestellt werden. So kommen die erzieherischen Dimensionen und die Verantwortung der Erwachsenen in diesem Prozess in den Blick."
(Bildungs- und Erziehungsempfehlungen für Kindertagesstätten in Rheinland Pfalz)

„Aufgaben lösen"

Bei allen Auszügen wird ein Abschied von einem traditionellen, stoffbezogenen Bildungsbegriff deutlich. Oder wie Schäfer (2006) es ausdrückt: „Bildung ist das Können und Wissen, das wir tatsächlich als Werkzeug benutzen, um die Aufgaben zu lösen, die sich in unserem Alltag stellen oder die wir uns suchen. Allgemeiner noch, Bildung ist das Instrumentarium, mit welchem wir unsere Welterfahrungen deuten."

Nicht die Erzieherin vermittelt ihren „Stoff" an ihre Gruppe, sondern die Kinder sind eigenaktiv Lernende. Kinder suchen sich ihre Lerngegenstände und Themen, sie werden herausgefordert, begleitet und gefördert. Eltern und Erzieherinnen bemühen sich in ihrem sozialen und kulturellen Kontext um eine gute Lernumgebung und Lernatmosphäre.

„Lernen ohne Belehrung"

Entdeckendes und selbsttätiges Lernen erhält Raum und Kinder dürfen dabei Fehler machen. Die Suche der Kinder nach eigenen Lernerfahrungen wird unterstützt. Denn Kinder wollen ebenso wenig belehrt werden, wie Erwachsene. Oder wie der Computerwissenschaftler Seymour Papert es ausdrückt: „Kinder lernen gern, bis sie eines anderen belehrt werden."

Kinder – die geborenen Lerner

„Nie wieder im späteren Leben ist ein Mensch so neugierig und so offen, so lernfähig und so kreativ, ist er ein so großer Entdecker und Nachmacher wie während der Phase seiner frühen Kindheit". Diese Erkenntnis des Hirnforschers Prof. Gerald Hüther (2003) unterschreiben Eltern und Pädagogen sofort. Nun muss aus dieser Erkenntnis kein pädagogischer Allmachtswahn abgeleitet werden, nach dem die Kinder bei guter „Synapsenpflege" und idealer Nutzung aller „Entwicklungsfenster" systematisch zu kleinen Einsteins geformt werden (vgl. Groll u.a.). Jede Erzieherin nimmt täglich wahr, dass Kinder neugierig und offen sind und dass sie die Welt entdecken wollen. Sie lernen begeistert ohne belehrt zu werden. Wie Kinder lernen, wird heute von Entwicklungspsychologen, Gehirnforschern und Pädagogen intensiv untersucht und beschreiben.

Einige Erkenntnisse bzw. Konsequenzen sollen hier kurz und knapp benannt werden:

– Lernen erfolgt nicht passiv, sondern ist ein aktiver Vorgang.
– Lernen erfordert Eigenaktivität und selbsttätiges Handeln.
– Kinder (Menschen) lernen besser, wenn sie mit Freude lernen.
– Lernen, Selbständigkeit und Kreativität gedeihen vor allem in einem entspannten Klima, spielt beim Lernen Angst eine Rolle sind kreatives und freies Denken stark behindert.

„Lernen in einem entspannten Klima"

Während diese Auffassung von Lernen allgemeine Anerkennung gefunden hat und seinen Weg in die pädagogische Praxis sucht, gibt es unter Fachleuten widersprüchliche Auffassungen über die Einteilung in Lernkompetenzen.

„Wahrnehmung, Fühlen, Erkennen, Verarbeiten, Denken, soziales Verhalten, Sprechen ... sind keine einfachen Fähigkeiten, die man fördern oder vernachlässigen könnte. Sie sind vielfältig zusammengesetzt." (S. 18) ... „Teilen wir die Kinder in Kompetenzen auf – sinnliche, soziale, kognitive, emotionale, moralische, usw.-, ignorieren wir, das die Alltagserfahrungen nicht nach solchen Kompetenzbereichen geordnet vorliegen. Keine Alltagssituation trägt die Aufschrift: Hier handelt es sich um eine soziale, emotionale oder motorische Lernaufgabe" (Schäfer, 2003, S. 32).

Im Unterschied zu dieser Position kommt eine Expertengruppe der Bertelsmannstiftung (2002) zum Thema „Lernkompetenz und neue Lernkultur" zu folgendem Schluss:
„Lernkompetenz...umfasst die Kenntnisse, Fähigkeiten, Fertigkeiten, Gewohnheiten und Einstellungen, die für individuelle und kooperative Lernprozesse benötigt und zugleich beim Lernen entwickelt und optimiert werden. Lernkompetenz umfasst die miteinander verbundenen Dimensionen

– Sach- und Methodenkompetenz
– soziale Kompetenz und
– Selbstkompetenz (personale Kompetenz)"
(Czerwanski u.a. 2003, S. 10).

Diese Auffassungen spiegeln sich auch in den Bildungsvereinbarungen und Erziehungsplänen der Länder wieder. Im Kindergartenalltag werden häufig andere Fragen diskutiert: So z.B., ob Lernen im Kindergarten auch ohne Vorschulmappen möglich ist, wie viel Freispielphasen die Kinder benötigen, ob Mathematik oder Englischkenntnisse schon im Kindergarten vermittelt werden sollten oder ob ein moderner Kindergarten auch ohne Computerlernspiele auskommen kann?
Nach Schäfers Überzeugung ist aber die wichtigste Frage nicht: „Was müssen Kinder lernen? Sondern: Wie lernen sie etwas, damit sie es als ein Wissen und Können benutzen, das ihnen bei ihrem Weltverständnis und der Lösung ihrer Alltagsaufgaben hilft." (2006, S. 291)
Kinder lernen in dem sie die die Welt erfassen, indem sie riechen, schmekken, lauschen oder beobachten und ihre Erfahrungen mitteilen können. Auf der Basis sicherer Beziehungen wollen die Kinder sich ihre Welt im Spiel erschließen.

Spielen ist lustvolles Lernen

Zunehmend sind Eltern verunsichert, sie sorgen sich um die Zukunft ihrer Kinder und befürchten, dass diese auf dem Arbeitsmarkt einer Leistungs- und Wettbewerbsgesellschaft nur klar kommen, wenn sie frühzeitig und zielgerichtet darauf vorbereitet werden. Natürlich wollen sie auch, dass ihre Kinder sich im Kindergarten wohlfühlen und Freiraum zum Spielen haben.

Die Auffassung, die Bildungschancen verbessern sich automatisch, wenn die Kinder einem frühen Lerndrill ausgesetzt werden, darf kritisch hinterfragt werden. Das Belehren von Kindern im frühen Kindesalter ist nicht erfolgreich, ehr das Gegenteil ist der Fall.

„Schon von 10 Jahren trugen Robert Rescorla von der University of Pennsylvania und seine Mitarbeiter Erfahrungen aus allen Teilen der USA zur formalen Ausbildung im frühen Kindesalter zusammen. Das Ergebnis: Solchermaßen „geförderte" Kinder starten tendenziell mit gebremster Kreativität, mehr Angst und einer negativeren Einstellung in die eigentliche Schulkarriere." (Haug-Schnabel 2005)

„Spiel als elementarste Form des Lernens"

Die Auffassung, Kinder würden im Spiel nicht oder nicht so viel, wie bei sitzenden, kognitiven Tätigkeiten lernen, muss hinterfragt werden. Renate Zimmer tut dies seit Jahren mit provozierenden Thesen und Forderungen wie z.B.: „Schafft die Stühle ab!" oder „Toben macht schlau!" und fordert so zum Nachdenken über eine Lernkultur der „Sitzenbleiber". Die kindliche

Bewegungslust und das selbstbestimmt Spiel der Kinder braucht Zeit und Raum.

Das Spiel ist die Ausdrucksform des Kindes und auch seine elementarste Form des Lernens. Im Spiel können Kinder im hohen Maße eigenaktiv und selbsttätig handeln. Sie sind engagiert und lustvoll bei der Sache, wenn sie ihr Spielthema gefunden haben. Sie bestimmen selbst, was und wann sie etwas tun. Insofern ist das Spiel die wichtigste Lernquelle der Kinder.

Im bewegten Spiel lernen sie Grundlegendes über sich und ihren Körper und im Umgang mit den Dingen, sie nehmen Kontakt mit anderen auf und erschließen sich ihre soziale Umwelt. Um einen lebendigen Spielprozess zu eröffnen, brauchen Kinder sinnvolle räumliche und materielle Rahmenbedingungen.

Der Wunsch der Eltern und Pädagogen, dass die Kinder eine gute Zukunft vor sich haben, ist berechtigt. Die gesellschaftliche und individuelle Zukunft der Kinder hat unzweifelhaft mit den frühen Bildungsprozessen der Kinder zu tun. Aber ein Ort der Bildung entsteht wohl kaum durch eine Verschulung des Kindergartens. Vielmehr sollte die Bewegungs-, Spiel-, Experimentier- und Lernfreude der Kinder vielfältige Nahrung erhalten. Sensorische Erfahrungen beim Klettern, Schaukeln, Schwingen, Rennen oder Matschen sind notwendige Vitamine der Kindheit. In einer Lebenswelt, in der Kinder immer weniger Spielräume und freie Spielmöglichkeiten haben, in der Spielflächen versiegelt und Kinder in ihrer Bewegungsfreude eingeschränkt werden, müssen Eltern und pädagogische Institutionen versuchen, Kindern das zu geben, was sie für ihre gesunde Entwicklung unbedingt brauchen – Zeit und Spielräume für ihre Kindheit!

„Spielräume für Kindheit"

Psychomotorik – Bewegen, Spielen, Lernen

Kinder lernen in Bewegung, sie lernen mit Hand und Fuß, sie wollen die Welt be-greifen und er-fassen. Die Bewegung und die Wahrnehmung sind die Grundlagen kindlichen Lernens und auch jeglicher Spieltätigkeit. Prof. Kiphard, der Vater der deutschen Psychomotorik hat diesen Zusammenhang früh erkannt und eine vielfältige und lustvolle Praxis für den pädagogischen und therapeutischen Alltag entwickelt. Mit dem Rollbrett oder dem Laufrad können Kinder die Welt er-fahren, auf der Bewegungsbaustelle gibt es viel Gelegenheit durch Schluchten und Höhlen zu steigen. Ob be-greifen, er-fahren, er-fassen oder durchsteigen, unsere Sprache macht die Verbindung von motorischem, intuitivem und kognitiven Lernen deutlich.

Die Bewegung und das Spiel sind grundlegende Bildungsbereiche des Kindergartens und sollen es auch bleiben. In der Bildungsvereinbarung NRW (2004) stehen die Bildungsbereiche „Bewegung" und „Spielen und Gestalten" am Anfang und als erstes Selbstbildungspotential wird die „Differenzierung von Wahrnehmungserfahrungen über die Körpersinne, über die Fernsinne und über die Gefühle" genannt. (S. 7). Der Bayerische Bildungs- und Erziehungsplan (2006) betont im Kapitel Bewegung, Rhythmik, Tanz und Sport die Bedeutung der Psychomotorik und elementaren Bewegungserziehung für kindliche Bildungsprozesse. (vgl. 358 ff.) Diese Beispiele ließen sich fortsetzen. Bewegung, Wahrnehmung und Spiel haben im Kindergarten ihren zentralen Platz und dies sollte auch so bleiben.

Im Kindergartenalltag erleben Kinder Wechsel von Bewegung und Ruhe, Anspannung und Entspannung, Freiraum und Struktur, Individualität und Gemeinschaft, Kommunikation und Stille oder zwischen zweckfreiem Spiel und zielorientierter Produktion. (vgl. Knauf/Schubert)

Der Bastelkindergarten von einst, der die zielorientierte Produktion zur Freude mancher (Groß)Eltern in den Mittelpunkt seiner Bemühungen stellte, hat ausgedient. Oder wie Krenz (2005, S. 38) es provozierend formuliert:

> „Elementare Erfahrungen, auf denen die weitere Entwicklung aufbaut wie in Pfützen planschen, auf Bäume klettern, sich in Wäldern und hinter Büschen verstecken, über Zäune springen, in der Erde buddeln, mit Obstkernen weit spucken, in Brombeersträuchern Höhlen bauen, nachts mit Freunden unter freiem Himmel in einem Zelt schlafen, Klingelstreiche unternehmen und weglaufen, Grimassen ziehen und die Hosentaschen voller Schätze haben sind nicht nachholbar! Basteln hingegen kann man im Altersheim immer noch."

Es gibt vielfältige Ansatzpunkte für eine psychomotorische Pädagogik im Kindergarten. So können z.B. die Innen- und Außenräume auf ihre sensorischen und motorischen Möglichkeiten überprüft werden. Haben Kinder z.B. vielfältige Möglichkeiten zum Klettern, Schaukeln oder Drehen?

Darüber hinaus ist es wichtig, welchen Stellenwert Bewegung und Wahrnehmung im Team bzw. für die einzelne Erzieherin hat. Bewegen sie sich gern oder haben sie Gelegenheit in Fortbildungen elementare psychomotorische Erfahrungen zu sammeln?

Des Weiteren muss die Bedeutung des Themas auch Eltern deutlich werden, damit sie verstehen, warum psychomotorische Angebote für die Entwicklung ihrer Kinder förderlich sind. Erzieherinnen, Eltern und Kinder lassen sich gern auf die bunte Praxis ein. So kann sich Jede(r) im spielerischen Tun selbst überzeugen. Die folgenden Praxisbeispiele sind zur Nachahmung empfohlen. Sie eröffnen vielfältige Wahrnehmungs- und Bewegungserfahrungen, bei denen die Kinder viel experimentieren und gestalten können und manche Kinderfrage auch den gestandenen Physiker herausfordert.

Einblicke in die Praxis

Die Bewegungsbaustelle – klassisch

Die klassische Bewegungsbaustelle findet im Außengelände statt. Die Kinder bekommen Reifen, Schläuche, Bretter, Holzklötze und stabile PVC Röhren zur Verfügung gestellt. Sie bauen sich selbständig kleine Bewegungslandschaften und probieren diese im Spiel aus. Es entstehen Brücken, Stege, Wippen in unterschiedlicher Höhe, deren Überwindung kleine Abenteuer sind. In der Regel fordern die Kinder gegenseitige Hilfen für den Transport der Materialien oder beim Überqueren der Konstruktionen. Haben die Kinder wenig Erfahrung mit der Bewegungsbaustelle sollte die Erzieherin den Prozess begleiten ohne die Aufbauten allein zu bestimmen. Durch das selbsttätige Handeln machen die Kinder ihre Erfahrungen was geht und was nicht geht und übernehmen Verantwortung für ihr Handeln. Die Erzieherin ist dann gefordert, wenn Kinder ihre Hilfe wünschen oder wenn sie sich offensichtlich gefährden. Die Kinder machen Erfahrungen mit Materialien und ihren Eigenschaften und Formen. Sie lernen nebenbei Formen, wie rund oder viereckig oder experimentieren mit ihrem Körpergewicht auf der Wippe.

Material: stabile, gehobelte Bretter, 6-10 Autoreifen, große Schläuche z.B. von alten Traktoren, Holzklötze, PVC-Röhren, stabile Aluminium Klappleiter

Bewegungslandschaften

Aus der klassischen Bewegungsbaustelle wurden in vielen Kindergärten Bewegungslandschaften entwickelt. Dazu werden Geräte der Turnhalle (Matten, Kästen, Bänke etc.) oder von Sportgeräteherstellern speziell entwickelte Materialien und Geräte genutzt. Durch Balancier- und Kletterstangen, Stehleitern, Kippelscheiben, Spielhöcker und Schaukelbretter wird das Spektrum der Bau- und Bewegungserfahrungen erweitert. Auch wenn durch die Normierung dieser Geräte verbesserte Sicherheitsstandards geschaffen wurden, sollte dies nicht dazu führen, die klassische Bewegungsbaustelle zu ersetzen. Kinder im Kindergartenalter können Aufbauten mit Großgeräten nicht selbst leisten. Darüber hinaus bleibt die Grundidee erhalten: weitgehend eigenständiges Experimentieren, die Suche nach individuellen Lösungen, Zeit und Raum für „Fehler" und ein hohes Maß an Selbsttätigkeit.

Varianten:

- Klettern auf Holz- oder Aluminiumleitern. Wichtig ist, dass die Leitern sicher stehen und mit Matten gut abgesichert werden.
- Mattenberg: Zunächst werden Schaumstoffblöcke oder Matratzen, evtl. auch ein kleiner Kasten in die Mitte gelegt, um anschließend Turnmatten (mindestens 4, besser mehr) darauf und darüber zu legen. So entsteht ein wackeliges Gebilde mit Kanten und Spalten, das vorsichtig erklommen und erkundet wird.

Material: Standardgeräte der Turnhalle wie Matten, Kästen, Bänke, Leitern, evtl. zusätzliche Materialien wie Balancier- und Kletterstangen, Stehleitern, Spielhöcker, Schaukelbretter, große Schaumstoffkissen.

Konstruktionen mit Zollstöcken

Kindergartenkinder lieben es mit Zollstöcken zu spielen. Vermutlich sind sie so interessant, weil sie zu Hause oft unter Verschluss gehalten werden. Die Kinder messen wie die Eltern mit ernster Mine alles aus, auch wenn sie die Zahlen noch nicht lesen können. Sie bauen sich Handys oder Funkgeräte und telefonieren miteinander. Wenn die Kinder einige Spielerfahrungen mit Zollstöcken gesammelt haben, bauen sie auch kleine Tür-

„Zollstöcke als Zelte"

me, legen Linien über die sie balancieren oder Straßen durch die sie mit Rollern und Rollbrettern fahren.

Besonders stolz sind sie, wenn Zelte oder Häuser entstehen. Zwei in der Mitte geklappte Zollstöcke ergeben ein Indianerzelt, dass natürlich auch mit leichten Tüchern noch bunt gestaltet werden kann. Die Konstruktion eines größeren Hauses, in dass zwei Kinder passen, bedarf der Geduld und zu Anfang auch der Unterstützung durch die Erzieherin.

Material: je Kind ein Zollstock, der auseinander geklappt genug Stabilität hat.

Volltreffer

Das Werfen von Bällen wird gleich attraktiver, sobald die Kinder reizvolle Ziele haben. Diese Erkenntnis kennen wir z.B. vom Dosenwerfen. Es gibt weitere einfache Möglichkeiten, bei denen Kinder beim Werfen ausprobieren können.

Z.B. hängen sie Zeitungen (Wäsche) mit Klammern auf eine Leine und versuchen sie aus einer selbst gewählten Entfernung abzuwerfen. Ein fester Wurf macht auch schon mal ein Loch in ein Zeitungsblatt.

Eine andere reizvolle Idee ist der Schweifball, der entsteht, wenn ein kurzes Stück Baustellenband am Ende geknotet wird und der Knoten in ein kleines Loch in einem Tennisball fixiert wird. Jetzt können die Kinder mal die Flugeigenschaften eines normalen Tennisballs und eines Tennisballs mit Schweif vergleichen. Auch hier können Ziel wie aufgehängte Reifen für einen echten Volltreffer dienen.

Reifenhaus

Wir benötigen je Haus 6 gleich große Reifen. Bunte Reifen ergeben ein schönes Bild, Holzreifen sind in der Regel stabiler. Einer wird auf den Boden gelegt, zwei werden in den Reifen gestellt und oben gegeneinander gelehnt, zwei weitere folgen an den freien Seiten. Der letzte wird zur Stabilisierung oben drauf gelegt. Viele Kinder mögen es, wenn das Haus mit einem Tuch oder einer Decke zur Höhle wird, die nur an einer Seite einen Eingang hat. 2-4 Kinder passen gleichzeitig in ein Haus.

Varianten:

– Die Wege zwischen den Häusern werden verbunden und die Kinder besuchen sich gegenseitig.

– Hochhaus: Ein oder zwei weitere Reifenhäuser werden nach dem gleichen Prinzip über das erste gebaut.

Material: 6 Reifen je Haus, bei Hochhäusern für das erste Haus 6 Reifen, dann 5, ein Tuch oder eine leichte Decke, für das fliegende Haus noch Seile oder Klebeband

Reifenturm

Ein Gymnastikreifen der flach auf dem Boden liegt, bildet die Grundmauer für unseren Reifenturm. Die Kinder stellen Holzbaustein einheitlicher Größe oder wenn vorhanden Klangstäbe hochkant auf den Reifen bevor wieder ein Holzreifen aufgelegt wird. Dieser Bauprozess wird nun mehrmals wiederholt. Besonders spannend wird der Reifenturm wenn genug Material vorhanden ist. Besondere Vorsicht ist beim Auflegen der Reifen geboten.

Natürlich kann sich auch mit Baubeginn ein Kind in den Turm stellen und von Innen mitbauen.

Material: 4-10 Reifen, Klangstäbe oder Bauklötze

„Nicht von Pappe" – Spielen mit Papprohren

Papprohre von ca. einem Meter Länge werden im Raum so aufgestellt, dass die Kinder knapp hindurchgehen können. Die Kinder erhalten die Aufgabe sich zwischen den „Säulen" zu bewegen ohne sie zu berühren. Dann erhält jedes Kind 1-3 Tennis- oder Plastikbälle, die in die Rohre geworfen werden sollen, ohne dass diese umfallen. Nach diesem Einführungsspiel können die Kinder mit dem Material experimentieren.

Einige beispielhafte Bauideen:

- Eine leichte Turnmatte wird als Dach über die Säulen gelegt. Gelingt den Kindern der Weg, ohne dass das Gebäude einstützt?
- Kleine Kinder lieben es, ein Papprohr mit Bällen zu füllen (ideal sind die leichten, bunten Bälle aus einem Bällchenbad) und es dann hochzuheben, so dass die Bälle unten hinaus rollen.
- Die Papprohre werden aufgestellt und dann wie bei einer Wurfbude mit Tennisbällen umgeworfen.

Material: 10-20 stabile aber nicht zu schwere Papprohre von ca. einem Meter Länge.

Tisch decken

Dieses Spiel orientiert sich an der Idee von „Bamboleo", wird jedoch in größerem Raum und mit Alltagsmaterialien bzw. Standardmaterial gespielt. Zunächst wird eine stabile Pappröhre von ca. einem Meter Höhe aufgestellt. Darauf liegen ein Gymnastikball aus Gummi und ein rundes oder viereckiges Brett. Auf diesen labilen Untergrund werden nun Gegenstände (z.B. Holzklotze, kleine Gummireifen, Plastikbecher,...) gelegt, die nicht rollen und die beim Fall nicht kaputt gehen. Die Kinder können mit dieser Idee frei experimentieren oder es wird gemeinsam mit einem bestimmten Ziel gespielt. So könnten sie versuchen auf dem wackligen Untergrund ein Gebäude entstehen zu lassen oder es wird reihum jeweils ein Gegenstand auf die Fläche gelegt, bis die Konstruktion einstürzt.

Variante:

– Tisch decken: Der Wackeltisch wird mit Plastikgeschirr wie ein richtiger Tisch gedeckt. Im Außengelände können die Kinder auch versuchen die Becher mit einer Gießkanne zu füllen....

Material: stabile Pappröhre oder Kunststoffröhre von 80 – 100 cm, Gymnastikball aus Gummi, runde oder quadratische Sperrholzplatte und Material, das auf den Wackeltisch kommt.

Literatur:

Bayerisches Staatsministerium für Arbeit und Sozialordnung, Familie und Frauen. Staatinstitut für Frühpädagogik München: Der Bayerische Bildungs- und Erziehungsplan für Kinder in Tageseinrichtungen bis zur Einschulung. Weinheim 2006

Beins, H.J./Cox, S.: Die spielen ja nur!? Dortmund 2001

Beins H.J.: Türme, Brücken, Murmelbahn. Bauen und konstruieren im Kindergarten. Freiburg 2005

Gebauer, K./Hüther, G.: Kinder brauchen Spielräume. Perspektiven für eine kreative Erziehung. Düsseldorf 2003

Groll, J./Koch, J./Thimm, K.: Tipps vom Neurolabor. In: Spiegel Spezial 3/2004 S. 32-35

Haug-Schnabel, G.: Früh übt sich? In: Gehirn & Geist Dossier 2/2005

Krenz, A.: (N)Irgendwo ist Bullerbü – überlasst den Kindern ihre Kindheit! In: Praxis der Psychomotorik, Heft 1, 2005, S. 37-40.

Ministerium für Bildung, Frauen und Jugend, Rheinland Pfalz: Bildungs- und Erziehungsempfehlung für Kindertagesstätten in Rheinland-Pfalz. Weinheim 2004

Ministerium für Schule, Jugend und Kinder des Landes Nordrhein-Westfalen: Bildungsvereinbarung NRW. Düsseldorf 2004

Passolt, M./Pinter-Theiss, V.: „Ich habe eine Idee...". Psychomotorische Praxis planen, gestalten, reflektieren. Dortmund 2003

Schäfer, G.E. (Hrsg.): Bildung beginnt mit der Geburt. Weinheim 2003

Schäfer, G.E.: Bewegung als Grundlage von Bildung und Gesundheit. In: Fischer/Knab/Behrens: Bewegung in Bildung und Gesundheit. Lemgo 2006

Senatsverwaltung für Bildung, Jugend und Sport: Das Berliner Bildungsprogramm für Bildung, Erziehung und Betreuung von Kindern in Tageseinrichtungen bis zu ihrem Schuleintritt. Berlin 2004

Zimmer, R.: Toben macht schlau. In: Die Zeit 15/2002

Zimmer, R.: Schafft die Stühle ab! Was Kinder durch Bewegung lernen. Freiburg 2003

Film:

Beins, H.J.: Die spielen ja nur!? Psychomotorik in der Kindergartenpraxis. Dortmund 2002

Cornelia Scholl

Spielen und Bewegen im Förderzentrum E. J. Kiphard

Cornelia Scholl

Spielen und Bewegen im Förderzentrum E. J. Kiphard – Ein heilpädagogischer Kindergarten zu Besuch

„Kommt Kinder, kommt herbei
füllt aus den Raum und fühlt euch frei,
die beste Therapie ist die, die ihr nicht merkt.
Wenn froh ihr werkt und wirkt und alles ausprobiert,
darin verbirgt sich euer Drang,
das alles wirklich selbst zu tun,
ganz ohne Zwang und nicht zu ruhen
bis ihr begeistert und mit neuer Kraft es schafft
und euer eigenes Leben meistert."

Mit diesen Worten eröffnete der Vater der deutschen Psychomotorik Prof. Ernst Jonny Kiphard am 14. Mai 1992 die Rheinische Modelleinrichtung für Psychomotorik in Bonn. Seitdem haben viele Kinder und Erwachsene die tollen Möglichkeiten dieses Förderzentrums genutzt.

Bei der Jubiläumsfeier im September 2002 gab Kiphard seiner Freude über diese Einrichtung erneut Ausdruck: „Hier finde ich das, wovon ich immer geträumt habe, psychomotorische Entwicklungsbegleitung wird hier unter idealen Bedingungen umgesetzt".

Ein Rückblick: Das jetzige Förderzentrum war ursprünglich ein Schulschwimmbecken. Wie viele andere Schulschwimmbecken in Deutschland wurde dieses Bad

„Einmal fliegen"

aufgrund zu hoher Energiekosten stillgelegt. Der Raum war nun 10 Jahre ungenutzt. Gleichzeitig „schrien" die psychomotorischen Ideen von Kiphard, die vielfältige Umsetzung finden, förmlich nach einem eigenen Ort. Ein Ort, der Menschen bewegt und begeistert, der die Fantasie anregt und psycho-motorische Praxis erfahrbar macht.

„...füllt aus den Raum und fühlt euch frei"

So wurden Ideen gesammelt, sie wurden diskutiert und dann in konkrete Pläne umgesetzt. Viel Eigeninitiative der Mitarbeiter und die finanzielle Un-terstützung der „Aktion Mensch" schafften die Grundlage. Dort wo über 10 Jahre nur Spinnen ein Zuhause gefunden hatten, entstand ein Spielparadies für Kinder und Erwachsene, die ein wenig Kind geblieben sind.

Neben einer freien Fläche, die Raum für Laufspiele und flexible Aufbauten lässt, sind eine Hüpfburg, eine Schnitzelgrube mit dicken Schaumstoffkis-sen, ein Großtrampolin, zwei Klettertürme, eine Kletterwand und ein Tunnel mit Versammlungsraum fest installiert. Die Angebote, die vielfältige Möglich-keiten zur vestibulären Stimulation und sensorischen Integration eröffnen, werden durch einen Entspannungsraum mit Wasserresonanzbett und unter-schiedlichen Lichteffekten ergänzt. Ein weiterer Nebenraum ermöglicht die Arbeit (das Spiel) mit einzelnen Kindern z.B. im musikalisch-rhythmischen Bereich.

Dass die Räumlichkeit des Förderzentrums E. J. Kiphard für Kinder tolle Möglichkeiten der Entwicklung einer vielfältigen Bewegungs-, Spiel- und Handlungsfähigkeit eröffnet, ahnt der Besucher beim ersten Eindruck: Kin-der springen und schwingen auf dem Trampolin oder der Hüpfburg, fliegen in die weichen Kissen der „Schnitzelgrube", klettern auf Gerüsten oder an der Kletterwand, bringen gemeinsam die „Hau-Ruck-Bahn" in Schwingung, verstecken sich in den Höhlengängen oder selbst gebauten Häusern, entspannen sich auf dem Wasserbett oder drehen und schaukeln auf verschiedensten psychomotorischen Übungs- und Spielgeräten, die z.T. auch hier entwickelt wurden.

Die Möglichkeiten des Raumes eröffnen Wechsel von Bewegung und Ruhe, von Anspannung und Entspannung. Die fachkompetente und liebevolle Begleitung durch die Therapeuten und Pädagogen bringt diese reizvollen Möglichkeiten für die Kinder zur Geltung. Egal ob Kinder aus (heilpädagogischen) Kindergärten, aus Schulen oder aus psychomotorischen Fördergruppen das Förderzentrum nutzen, die größte Schwierigkeit besteht darin, die Kinder am Ende einer Veranstaltung davon zu überzeugen, dass Schluss ist. Sätze aus dem Kindermund wie: „Darf ich hier mal schlafen?, „Das hätte ich gern zu Hause" oder: „Hier möchte ich mal Ferien machen", sprechen Bände.

Einblicke in die Arbeit mit einem heilpädagogischen Kindergarten

Seitdem das Förderzentrum besteht, nehmen Gruppen eines heilpädagogischen Kindergartens an einer psychomotorischen Förderung teil. In der Regel verweilen die Kinder zwei Jahre in der Gruppe.

Während dieser Zeit erobern sie sich Stück für Stück neue Spielwelten. Die Kunst der pädagogisch-therapeutischen Begleitung liegt darin, die Kinder zu motivieren, sie herauszufordern, ihnen etwas zuzutrauen und Selbstsicherheit zu vermitteln. Es ist wichtig, dem Spiel der Kinder Zeit zu geben, so dass Eigenaktivität entsteht und sie ihre Spielthemen phantasievoll weiterentwickeln können. Das intensive Spiel ermöglicht es den Kindern, Erlebnisse zu verarbeiten und Lösungsstrategien zu entwickeln. Im Spiel mit unterschiedlichen Materialien und Bewegungssituationen sammeln sie Erfahrungen und erlernen selbsttätiges Handeln.

„Auf der Hau-Ruck-Bahn ins Abenteuerland"

Ein den Kindern wichtiges Ritual ist es, mit einem Lied die Stunde zu beginnen. Folgendes Lied singen die Kinder während sie auf der Hau-Ruck-Bahn schwingen:

„Kinderlein, Kinderlein, fasst euch an, wir fahren mit der Eisenbahn, mit der Eisenbahn. In der Eisenbahn sitzt ein großer Mann, der macht Feuer an, dass man fahren kann."

Die Kinder wissen, dass die Bahn ein Ziel hat, z.B. das Abenteuerland, den Zirkus, die Pirateninseln, den Zoo oder die Baustelle. Dort „angekommen" haben sie Zeit zu intensivem Spiel und Erleben.

Die Freifläche im Förderzentrum wird gerne genutzt, um z. B. Bauprozesse zu eröffnen. So werden etwa von den Kindern eigene Zirkuszelte gebaut und geschmückt und die Kunststücke der Artisten geübt. Sie balancieren über schmale Stege, üben sich auf schwindelerregenden Drehscheiben und Varussells oder lassen sich über einem Weichboden in eine selbst gewählte Höhe ziehen und springen von dort ab.

An den Kletterwänden können die Kinder ihre eigenen Kräfte spüren. Sie zeigen ihr Verlangen, hoch hinaus zu klettern und es bis zum Ziel schaffen. Dabei erfahren sie, wie sie gesichert und gehalten werden. Die Sprossenwände und die eingebauten Klettertürme eröffnen den Kindern ebenfalls vielfältige Klettermöglichkeiten.

Das fest installierte Trampolin ist so abgesichert, dass die Kinder es eigenständig nutzen können und sie tun dies auch mit Begeisterung. Sie machen so vielfältige Schwung-, Sprung- und Schaukelerfahrungen auf dem Tuch.

Sehr beliebt ist der „fliegende Teppich". Hier sitzen zwei bis drei Kinder auf einer Matte, an

An der Schaukelstange „Mutig in die Höhe"

der sie sich zugleich seitlich festhalten. Nun werden sie von zwei Erwachsenen, die auf dem Trampolin gleichmäßig schwingen, „in die Höhe geflogen". Die fliegenden Kinder bestimmen die Flughöhe und -intensität, z. B. „Stufe 1, Stufe 2" usw.
Die Kinder können diese Gleichgewichtserfahrungen frei wählen und den Schwierigkeitsgrad bestimmen.

Der fliegende Teppich

Sehr beliebt ist auch das Spiel „Bellende Hunde": Hier weichen die Kinder auf dem Trampolin rollenden Pezzi-Bällen aus. Ein besonderes großes Vergnügen ist der Flug in die neben dem Trampolin befindliche „Schnitzelgrube", die mit 2000 weiche Schaumstoffkissen gepolstert ist und in der die Kindern weich landen können.

In der „Schnitzelgrube" erfinden die Kinder jede Menge Spiele; sie tauchen nach Schätzen, sie spielen Kissenschlachten, sie springen auf selbstgebaute Inseln und von dort wieder ins „Wasser". Sie retten sich mit den in der Nähe angebrachten Klettertauen aus dem „Wasser" und schwingen mit diesen ins „Wasser" zurück. Sie springen vom Rand in die Schnitzel hinein oder auf den Rücken ihres Bellos (roter Physioball), auf dem sie balancieren, um dann abgeworfen zu werden oder selber ins „Wasser" zu purzeln.

*Balancieren
auf Bello*

Das Spiel mit dem Bello wird auch in veränderter Form in der Hüpfburg gewünscht: Hier schläft Bello der Wachhund. Während er schläft, wagen es die Kinder in der Hüpfburg herumzuspringen, wenn er aber erwacht, retten sich die Kinder auf den Rand der Hüpfburg. Die Kinder wollen sich dem Reiz dieses Spiels, nämlich sich anzuschleichen, sich etwas zuzutrauen, sich selber zu retten, aber auch der gefährliche Bello zu sein, immer wieder aufs Neue aussetzen und so die Spannung des Spiels auf unterschiedlichste Weise erleben.

Nach diesen Abenteuern lassen sich die Kinder gerne auf eine entspannende Situation auf dem Trampolin, der Hüpfburg oder in dem atmosphärisch schön gestalteten Ruheraum ein.

Die Reise zurück mit der Hau-Ruck-Bahn bietet den Kindern die Möglichkeit, von ihrer Spielwelt Abschied zu nehmen oder auf Erlebtes zurückzublicken sowie Wünsche für ihr nächstes spannendes Abenteuer im Förderzentrum zu äußern.

Literatur:

Beins, H.J./Lensing-Conrady R.: Psychomotorik im Vorwärtsgang. In: Praxis der Psychomotorik 3/1999

Kiphard, E.J.: Motopädagogik. Dortmund 1984

Film:

Senn, R./Wachter-Schmid, B.: Herr Prof. Clown. Ernst J. Kiphard – Vater der deutschen Psychomotorik. Zürich 2001

Weitere Informationen unter: **www.psychomotorik-bonn.de**

Barbara Lensing, Rudolf Lensing

Lernfeld
Grundschule

Barbara Lensing, Rudolf Lensing

Lernfeld Grundschule

Vorweg: Die Grundschule erreicht Kinder im besten Lernalter – Chance und Verpflichtung zugleich. Neben dem Erwerb wichtiger Kulturtechniken wie Rechnen, Schreiben, Sprach- und Bewegungsfertigkeit sowie der Einführung in die Naturwissenschaften und Philosophie werden hier eine Reihe weiterer Grundlagen für den weiteren Lebensweg gelegt:

- Motivation zu Lernen
- Entdecken und Fördern von Talenten
- Ausgleich sozialer Nachteile
- Kommunikationsfähigkeit
- Sozialfähigkeit
- Integration und Kulturerfahrung

Nur ein ganzheitliches pädagogisches Konzept, in dem Lernen mit allen Sinnen und in Bewegung realisiert wird, kann diesen komplexen Zielen gerecht werden. Die folgenden Überlegungen und Praxisbeispiele ergänzen und erklären die kurzen Videoszenen des Filmes in einigen Dimensionen des Lernangebotes der Marienschule Bonn. (www.kgs-marienschule.bonn.de)

1. Pädagogik neu denken – Aufgaben und Ziele einer kindgerechten Pädagogik

Dass der Lebensraum von Kindern sich heute nicht mehr als Freiraum für eine kindgemäße Entfaltung darstellt, sondern eher als Problemzone kindlicher Entwicklung, kann als bekannt vorausgesetzt werden. Dies erfordert ein Umdenken bei allen, die mit Kindern zu tun haben. Insbesondere pädagogische Einrichtungen wie der Kindergarten und die Grundschule, die Kinder flächendeckend erreichen, sind aufgefordert und vielfach bereits im Begriff, ihr pädagogisches Konzept neu zu denken.
Welche Aufgaben und Ziele können von wesentlicher Bedeutung sein, damit die Pädagogik Kindern heute gerecht werden kann?

Eine Konsequenz aus den Veränderungen von Kindheit ist, den Kindern neben den Lebensräumen „Familie – Wohnung", „Straße – Nachbarschaft" und „Natur" einen **Lebens- und Erfahrungsraum** zu bieten, in dem sie

- ihre **motorischen, kognitiven und emotionalen Anlagen** entfalten können,
- **Lebensziele** finden und festigen können,

● eine **gemeinsame Kultur** entwickeln und erleben können.

Dieser Grundauftrag ergibt sich aus **zwei Aspekten menschlichen Daseins**:

● **Individualität,** d.h. wir sind verschieden – wir wollen und dürfen anders sein;

● **Sozialität**, d.h. wir leben in einer Gemeinschaft, sind voneinander abhängig – das bedarf der Regelung.

Jahrgangsmischung: Die ältere Schülerin erklärt den jüngeren das mathematische Symbol für 'größer als'.

Wer diesem Auftrag grundsätzlich und nicht nur häppchenweise gerecht werden will, muss dies im pädagogischen Alltag entsprechend berücksichtigen und möglicherweise Vieles ändern. Dies erfordert oft einen langen Denk- und Handlungsprozess, bei dem es viele Hürden zu überwinden gibt.

Dieser kurze Beitrag kann nicht alle Aspekte berücksichtigen, aber vielleicht einen Stein ins Rollen bringen und Ihnen Mut machen, neue Wege zu gehen.

Hier sollen **zwei Aspekte** herausgegriffen werden:

1. Der Aspekt des **individuellen Lernens**
2. Der Aspekt der Verbindung von **Lernen und Bewegung**

1.1 Individuelles Lernen

Mit seinem Beispiel „*Adler steigen keine Treppen*" versuchte der Reformpädgoge Célestin Freinet deutlich zu machen, dass unterschiedliche Qualitäten, Begabungen, Lerntypen usw. auch unterschiedliche Lernwege erfordern und dass es den einen „leuchtenden Pfad" nicht geben kann.

Die Gehirnforschung hat bewiesen, dass nicht alle Menschen auf die gleiche Art und Weise lernen. Durch Erbanlagen, aber in großem Maße auch durch Umwelteinflüsse, also Einflüsse der äußeren Wahrnehmung, bildet sich in den ersten Lebensjahren ein ganz bestimmtes Grundmuster. Dem entsprechend sind die Wahrnehmungskanäle wie Sehen, Hören, Fühlen und alle damit zusammenhängenden Empfindungen recht verschieden ausgebildet. Beispielsweise sind die Nervenleitungen von den optischen Eingangskanälen zum Gedächtnis (in der grauen Hirnrinde) und weiter zu den Schaltzentralen für Gefühle und andere Körperfunktionen gänzlich anders verknüpft. Vester stellte bereits 1978 in seinem Buch „Denken, Lernen, Vergessen" dar, wie vier Schülertypen ein und denselben Lernstoff (physikalisches Gesetz: Druck = Kraft : Fläche) auf vier verschiedene Arten gelernt haben. Er differenzierte vier verschiedene Lerntypen[1], bei denen unterschiedliche Sinnessysteme und Verarbeitungsmechanismen zielführend waren:

- **Auditiver Typ:** Dieser Typ versteht im Gespräch: er lässt sich erklären und hört zu.
- **optisch – visueller Typ:** Dieser Typ lernt durch Beobachten des Experiments.
- **haptischer Typ:** Er lernt durch anfassen, fühlen, begreifen
- **verbal – abstrakter Typ:** Lernen durch Begriffe, Formeln und Systematik.

Tatsächlich überwiegt oft ein bestimmter Eingangskanal, über den wir Informationen aufnehmen. Die mögliche Vielfalt individueller Eingangskombinationen führt allerdings dazu, dass in einer Gruppe beinahe so viele verschiedene Lerntypen wie Kinder sind.

Wenn wir also Kindern optimale Lernbedingungen bieten wollen, bedeutet das:
Schaffe einen Zugang über möglichst viele Eingangskanäle, also „Lernen mit allen Sinnen" bzw. „Lernen mit Kopf, Herz und Hand", damit alle Kinder erreicht werden können und möglichst vielseitige Verknüpfungen für eine dauerhafte Verankerung des Gelernten im Gehirn sorgen.

1.2 Lernen und Bewegung

In der neueren Lernforschung wird immer wieder betont, dass Bewegung viele Lernbedingungen und –funktionen wie Aufmerksamkeit und Konzentration, Erinnerung, Assoziationen, Wahrnehmungsfähigkeit, Vielfalt der Ein-

---

1 Zur praktischen Überprüfung des eigenen Lerntyps empfehlen wir den Lerntypentest aus: Kneip, Winfried u.a.: Lernlandkarten, Mülheim an der Ruhr 1998

gangskanäle, Motivation und emotionale Haltung, Informationsaufnahme und vieles andere positiv beeinflusst. Fest steht, dass Kinder:

- **Sich gern bewegen;**
- **Sich durch Bewegung ganzheitlich entwickeln;**
- **Ihre Umwelt durch Bewegung erkunden und gestalten;**
- **Über Bewegung in Kontakt miteinander treten;**
- **Ihre Empfindungen und Stimmungen über Bewegung ausdrücken;**
- **In der Bewegung viel über sich, die anderen und die Dinge dieser Welt lernen.**

Daraus ergibt sich für jede pädagogische Institution die Forderung, Bewegung, Spiel und Sport in vielfältigen Bereichen als integrale Bestandteile von Lernen und Leben zu ermöglichen. Es müssen Schwerpunkte in verschiedenen Bereichen gesetzt werden. Im schulischen Bereich z.B. bieten sich Bewegungs- und Entspannngsgelegenheiten im Klassenraum, themenbezogenes Bewegen nicht nur im Sportunterricht, sondern auch in den „geistigen" Fächern, Bewegungs – und Entspannungspausen im Unterricht und Bewegungschancen in den Pausen. Dabei muss die Bewegung als durchgehendes Prinzip in das pädagogisches Gesamtkonzept der jeweiligen Institution eingebunden werden.
Bewegung sollte von den Kindern als etwas Verlässliches und Andauerndes im gesamten Lebens- und Erfahrungsraum empfunden werden, an dessen Weiterentwicklung sie stetig mitarbeiten können.
Wesentliche Voraussetzung ist die Ausgestaltung des Raumes, z.B. der Tagesräume oder des Klassenraumes, die Einrichtung von Ruhezonen, die zur Entspannung einladen und natürlich auch des Außengeländes, das den vielfältigen Spiel- und Bewegungsbedürfnissen der Kinder in differenzierter und anregender Weise entgegenkommt und ihnen einen kindgemäßen Freiraum für Bewegungserfahrungen bietet. (vgl. Richtlinien und Lehrpläne Grundschule Sport S. 35, 2003**)**

Diese Erkenntnisse basieren auf einer zeitgemäßen Sichtweise heutiger Kindheit und entsprechen weitgehend den Forderungen von Pädagogen, Entwicklungspsychologen und anderen Wissenschaftlern. Aber warum finden sie immer noch so wenig Eingang in den pädagogischen Alltag?

Vielleicht, weil diese oft theoretisch begründeten Forderungen zu wenig Hilfen bieten, wie sie denn nun in die Praxis umgesetzt werden können und sollen? Mit den folgenden Praxisbeispielen wollen wir eine solche Hilfestellung leisten.

2. Psychomotorik in Klassenraum und Schulalltag

– Beispiele aus der Praxis

Psychomotorische Bewegungsförderung als elementaren Bestandteil des Unterrichts zu begreifen, hilft, den pädagogischen Alltag neu und sinnvoll zu rhytmisieren. Dabei geht es sowohl um die Verbesserung der Lernvoraussetzungen als auch um die Verbesserung des Lernens selbst.

2.1 Lernvoraussetzungen schaffen

Hier geht es z.b. darum, für eine entspannte Lernathmosphäre zu sorgen, die Gehirnhälften miteinander zu verbinden und zu aktivieren, Wahrnehmungskanäle zu öffnen, die Sinne zu sensibilisieren, die Konzentrationsfähigkeiten zu erhöhen und die eigene Mitte zu finden. Durch unterschiedliche Körpererfahrungen wird die Aufnahmefähigkeit für Lerninhalte verbessert. Diese Unterstützung der Lernvoraussetzungen findet nicht nur am Anfang einer Lerneinheit statt, sondern ist Bestandteil eines individuell rhythmisierten Unterrichts (siehe auch 3.3 Bewegungspausen)

Praxisbeispiel: PACE

Diese Übungsfolge entstammt der Edukinestetik, einer Fachrichtung der Kinesiologie. Hiernach beginnt jegliches Arbeiten mit der Berücksichtigung des individuellen Tempos und Rhythmus für die Fähigkeit der Integration neuer Lerninhalte. Durch vier Übungen soll die Bereitschaft dazu geschaffen werden:

E nergetisch: Habe ich genug Energie zum Lernen? Wenn nicht, hilft **Wasser trinken**.

C lear – klar: Kann ich klar denken? Fühle ich mich müde und unkonzentriert, massiere ich die **Gehirnknöpfe**.

A ktiv: Brauche ich Bewegung? Wenn ich lange still gesessen habe oder gleich still sitzen muss, mache ich **Überkreuzbewegungen**.

P ositiv: Fühle ich mich offen und bereit zum Lernen? Wenn ich das Gefühl habe, ich schaffe es nicht, bin abgelenkt und unkonzentriert, habe den Kopf nicht frei, mache ich die **Wayne Cook** Übung.

(vgl. Dennison 1994)

Praxisbeispiel: Haus der Wahrnehmung

Hier handelt es sich um eine Phantasiereise, bei der Kinder sich vorstellen, in ein Haus der Sinne zu gehen, die einzelnen Sinnen zugeordneten Räume zu säubern und anschließend zu geniessen. Die gesamte Reise dauert etwa 20 Minuten, es reicht aber auch manchmal, nur einzelne Zimmer zu besuchen – dies kann zu einer Fortsetzungsgeschichte über mehrere Tage ausgebaut werden. (Quelle: Murdock, 1990)

Praxisbeispiel: Zentrierung auf dem VARUSSELL

Das Varussell erfreut sich als platzsparende, bewegungsintensive „Bewegungsinsel" in unserem Klassenraum großer Beliebtheit. Das Varussell ist eine Drehscheibe, die schräg verstellbar ist. Dadurch können die Kinder die Drehung durch Körpergewichtsverlagerungen einleiten, intensivieren, verlangsamen und für unterschiedliche Spiele nutzen (vgl. Lensing-Conrady 2001). Manchmal holen sich die Kinder das Gerät auch raus auf den Schulhof:

Varussell auf dem Schulhof

2.2 Themenbezogene Bewegung im Unterricht

Kinder finden leichteren Zugang zu Lerninhalten, wenn sie die ihnen entsprechenden Sinneszugänge nutzen können (s.o.), wenn sie Spaß daran haben und sich aktiv mit ihnen auseinandersetzen können. Durch das vielfältige, den subjektiven Lerntypen entsprechende Auseinandersetzen mit Lerninhalten wird insbesondere auch die Verankerung im Gedächtnis gefördert.

Praxisbeispiel: Lernstationen zum Lernen der Ziffern im 10er-Raum

Bei diesem Stationstraining für den Anfangsunterricht können die Kinder „mit allen Sinnen" die Ziffern von 0 – 9 erlernen, üben, festigen und dabei die dazugehörigen Mengen begreifen. Die Kinder durchlaufen paarweise 18 verschiedene Stationen, die jeweils das Sehen, Hören, Schmecken, Tasten, Fühlen und die Motorik ansprechen. Die Aufgaben sind in Wort und Bild auf einzelnen Stationskarten dargestellt.

Einige Beispiele:

- Sehen und Fühlen: 1 Kind malt mit einem schweren Stein eine Ziffer riesengroß vor sich in den Raum. Die Partnerin steht daneben und nennt die gemalte Ziffer.
- Hören und Feinmotorik: Ein Kind lässt eine bestimmte Anzahl Bohnen in ein Glas fallen, die Partnerin erhört die Anzahl und legt das entsprechende Ziffernkärtchen dazu.

9. Bohnen hören

Dein Partner lässt Bohnen in ein Glas fallen.
Du zählst sie ohne hinzusehen.

- Feinmotorik und Schmecken: Die Partnerinnen ziehen ein Ziffernkärtchen und legen mit Rosinen, Mandeln o.ä. die gezogene Ziffer. Anschließend darf sie aufgegessen werden.
- Tasten und Fühlen: Ein Kind gibt seiner Partnerin, die die Augen verbunden hat, Ziffernkärtchen aus Sandpapier, die ertastet werden sollen.
- Drehen und Koordination: Ein Kind dreht sich auf dem Varussell und ordnet dabei Ziffernkarten den ausgelegten Punktekarten zu.

Praxisbeispiel: Zum Lesen Verlocken: „Ein Buch für Bruno"

Es handelt sich um eine von mehreren Kolleginnen in Eigenarbeit entwickelte Literaturwerkstatt für die Eingangsstufe der Grundschule, die gut im jahrgangsgemischten Unterricht eingesetzt werden kann. Dabei geht es um Arbeitsangebote mit sprachlichem Schwerpunkt zu dem Bilderbuch „Ein Buch für Bruno" von Nikolaus Heidelbach.

13. Domino

🖐 Ordne mit dem Rollbrett die Wörter den Bildern zu.

👁 Dein Partner kontrolliert dein Ergebnis.

„Ein Buch für Bruno": Werkstattangebot

Nach einem gemeinsamen Einstieg in das Bilderbuch, nach Text- und Bildproduktionen sowie der musikalischen Auseinandersetzung mit dem Buch beginnt die individuelle Werkstattarbeit, d.h. jedes Kind bearbeitet selbstbestimmt, allein oder mit Partner, in seinem individuellen Tempo und nach persönlichem Vermögen die Angebote.

In diesem Rahmen können viele Aufträge mit Bewegungsaufgaben gekoppelt werden, z. B. als Hüpf- oder Laufdiktate, Angelspiele, oder, wie die abgebildeten Auftragskarten zeigen, unter Einbeziehung von Rollbrett und Varussell.

Lernen in Bewegung

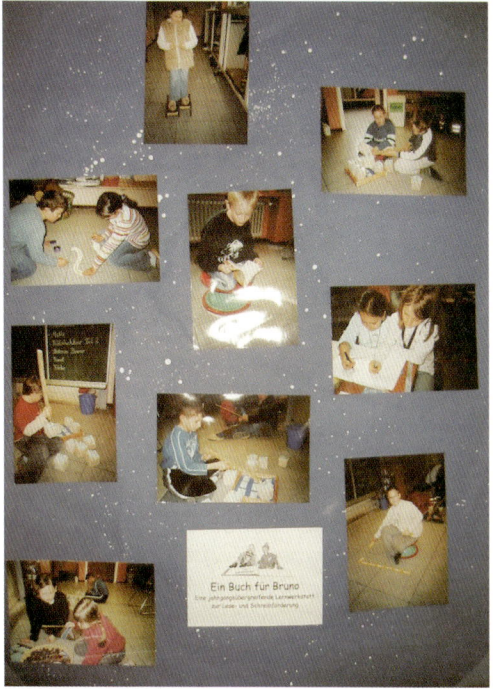

Poster Werkstattarbeit

Praxisbeispiel: Form und Raum – von der Rückenmalerei zur Geometrie

Mathematische Abstraktion und räumlich-geometrisches Vorstellungsvermögen lässt sich leichter entwickeln, wenn der eigene Raum, der Körper, bewusst ist und als Ausgangspunkt für eine Öffnung zum freien, körperfernen Raum dienen kann. Folgende Aufgaben, die variiert wiederholt werden und sich auch über einen größeren Zeitraum hinziehen können, weisen diesen Weg. Sie bestehen aus Partneraufgaben.

a) Buchstaben, Zahlen, Formen („Vorlage") werden auf den Rücken gemalt und wiedererkannt. Dabei wird vor allem auch die Differenzierungsfähigkeit des Partners/der Partnerin in Bezug auf diese Wahrnehmung erfahren und als Ausgangspunkt für nachfolgende Aufgabenstellungen wichtig, denn nur die für den Einzelnen erkennbaren Vorlagen sind für die Operationen brauchbar.

b) Die auf den Rücken gemalten Vorlagen werden nicht nur erkannt und benannt, sondern möglichst groß in den Raum (Klassenzimmer, Pausenhof...) gelaufen.

c) Die Vorlagen werden in die offene Hand (Verkleinerung der Fläche, geschlossene Augen) gemalt...

d) Die Vorlagen werden auf Papier gemalt... (Das Papier darf entweder wie ein Stadtplan mitgeführt werden, oder es gelingt, sich die Raumform einzuprägen und anschließend nachzulaufen. Die Vorlage muss im zweiten Fall natürlich einfacher sein.)

e) Wir drehen die Aufgabe um: Eine Partnerin malt die Vorlage in den Raum, indem sie sie läuft. Den Laufweg protokolliert die Kollegin auf ihrem Papier. Wenn die Zeichnung und der Laufweg erkennbar identisch sind, war die Aktion erfolgreich...

Praxisbeispiel: Englisch lernen mit der „Bärenjagd"

In der Filmsequenz „ We are going on a bear hunt", der englischen Version der bekannten Bewegungsgeschichte „Komm, wir gehen auf Bärenjagd" wird deutlich, dass Kinder bereits in der Eingangsstufe begeistert und fast nebenbei der englischen Sprache "begegnen", indem sie spielerisch den Text in Bewegung umsetzen. Dabei kann jedes Kind in seinem eigenen Tempo und seinen Fähigkeiten entsprechend den Klang der Sprache nachempfinden, sich einzelne Wörter einprägen oder schon nach kurzer Zeit ganze Passagen auswendig nachsprechen. Das gedächtnismäßige Verankern der fremden Sprache wird wesentlich erleichtert durch die Verknüpfung mit einer bestimmten Bewegung sowie mit starken Gefühlen wir Spannung, Mut oder Angst, die man hier im Bewegungsspiel ausleben darf.

2.3 Bewegungspausen

Für Bewegungspausen gilt im Prinzip die Begründung der Verbesserung von Lernvoraussetzungen (s.o.). Motivation, Konzentration und Spannungsbogen lassen in gewissem individuellen Rhythmus nach. So sind neben gemeinsamen aktiven Erholungspausen auch individuelle „Auszeiten" auch während des Unterrichts wichtig, um den „Akku" neu zu laden.

Praxisbeispiel: Break „Kerze"

Hier stellen sich die Kinder vor, sie seien eine Kerze, die im Dunkeln brennt. Sie halten die gefalteten Hände als Flamme über ihren Kopf. Sie können sich ausmalen, welche Farbe ihre Kerze hat, wie groß die Flamme ist, wie schön hell sie leuchtet, dass das Licht Freude bereitet... Nach und nach brennt die Kerze immer weiter herunter, bis der Rest geschmolzen am Boden liegt. Die Kinder vollziehen die Fantasie mit ihrem Körper nach und bleiben zum Schluss eine kleine Weile am Boden liegen. (vgl. Vopel, 1991) Durch diese Übung, die den Kindern eine absinkende Bewegung und eine kurze, aber wirksame Entspannung am Boden gibt, gewinnen die Kinder mit wenig Zeitaufwand frische Kraft für Konzentration und Weiterarbeit.

Praxisbeispiel: Atemübung „Rutschbahn"

Ebenfalls als kurzes Intermezzo gedacht ist diese Übung, bei der die Kinder sich einen freien Platz im Raum suchen. Während sie in Gedanken die drei bis vier Stufen einer Rutschbahn hinaufsteigen, atmen sie langsam ein und strecken dabei den Körper. Oben angekommen, setzen sie sich hin und sausen mit geräuschvollem Ausatmen und der entsprechenden Bewegung die Rutsche hinunter. Durch das bewusste, tiefe Ein- und Ausatmen (bei geöffneten Fenstern) wird der Körper wieder mit Sauerstoff versorgt, was für eine bessere Durchblutung des Gehirns sorgt. Die Kinder fühlen sich frisch und fit für neue Aufgaben.

Praxisbeispiel: Bewegungsspiel „Der kleine König"

Frederik Vahle (1998) hat hier eine wunderschöne Bewegungsgeschichte erdacht, die Jungen wie Mädchen gleichermaßen Spaß macht. Sie kann leicht zwischendurch im Klassenraum gespielt werden, wenn etwas freier Raum zur Verfügung steht oder die Möbel schnell zur Seite geschoben werden. Hier geht es um Bewegungen wie Ausschütteln, Brabbeln, Kämpfe imitieren mit Armen und Beinen, Massage der Thymusdrüsen und sich Drehen - ein freudvolles, energiegeladenes Beispiel für Ausgleich und Entspannung zwischendurch, bei dem auch überschüssige Kräfte und aggressive Gefühle in gelenkten Bahnen ausgelebt werden können. (Vahle 1998, S. 59ff) .

Praxisbeispiel: Entspannung durch „taktiles Telefon", eine Kreismassage

Alle Kinder sitzen im Kreis dicht hintereinander, sodass jeder den Rücken seines Vordermanns berühren kann. Nun schließen die Kinder die Augen und geben mit den Händen an die Vorderfrau weiter, was sie vom Hintermann auf ihrem Rücken spüren, z.B. abklopfen, reiben, kneten … Der Spielführer variiert die verschiedenen Massagetechniken, die dann jeweils so lange weitergegeben werden, bis ein neuer Impuls kommt.

2.4 Projektunterricht

Der Projektunterricht beinhaltet besondere Möglichkeiten der individuellen und ganzheitlichen Förderung einzelner Kinder. Alle arbeiten gemeinsam an einem Thema. Es handelt sich um fächerübergreifenden Unterricht, der auch zeitlich und ggf. räumlich aus dem gewohnten Rahmen fällt und vielfältigste Lernpersspektiven eröffnet.

Praxisbeipiel Indianerprojekt

Die Lebensperspektive, der Naturbezug und der damit verbundene risikoreiche Lebenshintergrund von Indianern motiviert Kinder besonders und bietet reichlich Stoff für eine Projektbearbeitung. Dies mögen einige Fotos verdeutlichen:

Indianer-Projekt:

Wir haben die Tische
und Stühle aus der
Klasse geräumt, um
das Leben der
Indianer besser
nachempfinden zu
können. Jeder arbeitet
individuell an seinem
Thema.

In völliger Konzentration wird ein Webstück
angefertigt.

Den Höhepunkt und
Abschluss des
Indianerprojektes
bildet unser Indianer-
fest mit Präsentation,
Vorführungen und
einer Ausstellung für
Eltern und Freunde.

Praxisbeispiel Floßprojekt

Das Projektziel, ein schwimmfähiges Floß zu entwerfen, zu bauen und auf dem Wasser auszuprobieren, brauchte einige Vorlaufzeit, in der Entwurf und Planung stattfanden. Hier konnte jeder seine besonderen Fähigkeiten und Stärken einbringen. Auch bei der Materialbeschaffung konnten Kinder und Eltern ihren Möglichkeiten entsprechend mitwirken. Schließlich wurde außerhalb der Schule ausgeladen, gebaut und dann kam die Belohnung – das Floß schwamm und wurde den ganzen Nachmittag ausgiebig genutzt. Am Ende halfen alle beim Abbau mit und alles wurde wieder gut verstaut und abtransportiert. So hatten die Kinder nicht nur einen Riesenspaß mit vielen elementaren Erfahrungen, sondern nebenbei einen ganzheitlichen Produktionsprozess mitgestaltet, bei dem sie maßgeblich an allen Schritten beteiligt waren und ihr Wissen und ihre Qualitäten einbringen konnten. Deutlich spürbar war ein Zuwachs an Selbstvertrauen besonders bei Kindern, die sonst manchmal beim Lernen verunsichert sind.

Floßbau:

Alle helfen mit beim Bau des Floßes

Gemeinsam tragen wir das fertige Floß zum Wasser

Unser Floß schwimmt!

Literatur:

Kottmann, L. u.a.: Bewegungsfreudige Schule, Bertelsmann Stiftung, 2005

Dennison, P. E.: Lehrerhandbuch Brain Gym, VAK, 1994

Ebhardt, A.: Fröhliche Wege aus der Dyskalkulie, Dortmund, 2002

Heidelbach, N.: Ein Buch für Bruno, Beltz:Weinheim 1997

Lensing, B./Müller, J/v. Wick, B.: Ein Buch für Bruno – Zum Lesen verlocken, Eine Literaturwerkstatt für die Schuleingangsstufe (unveröffentlicht)

Lensing-Conrady, R.: Von der Heilsamkeit des Schwindels – Gleichgewichtswahrnehmungen als Motor für Entwicklung und Lernen. Dortmund 2001

Ministerium für Schule, Jugend und Kinder des Landes NRW: Grundschule, Richtlinien Sport, Frechen 2003

Murdock, M.: Dann trägt mich meine Wolke, Freiburg 1990

Landesinstitut für Schule und Weiterbildung: Förderung wahrnehmungsgestörter Kinder Praxisbeispiele, Kettler, 1995

Vahle, F.: Hupp Tsching Pau, Weinheim 1998

Vester, F.: Denken Lernen Vergessen. München 1978

Vopel, K.: Bewegung im Schneckentempo, Hamburg 1991

Patrick Reinecke

Motomathe

Patrick Reinecke

Motomathe – Lernen an der Königin Juliana Schule

Das Lernen an der Königin-Juliana-Schule, der Förderschule der Stadt Bonn mit dem Förderschwerpunkt Geistige Entwicklung, wird schon seit langem mit Bewegung verbunden. Während die Bewegung anfangs einen eigenen Lerninhalt darstellte und in zusätzlichen Stunden stattfand, ist sie inzwischen Lernprinzip. Bewegung wird den Schülern über Sport- und Bewegungsstunden, motorische (Einzel)-Förderung, als Psychomotorikstunde oder als bewegte Pause angeboten. Darüber hinaus werden klassische Lerninhalte, wie z.B. Sprache oder Mathematik in Bewegung gelehrt. Bewegung ist somit nicht mehr ein eigener Fachbereich, sondern Lernprinzip. Dieses Prinzip ist fest im Schulprogramm verankert. Eine Besonderheit der Schule ist, dass das Wissen um die Bedeutung von Lernen in Bewegung, auch Berücksichtigung bei der architektonischen Gestaltung des Neubaus im Jahre 2002 finden konnte.

Seit dem verfügt jede Klasse über einen Schwerlasthaken in der Decke, an dem beispielsweise eine Hängematte befestigt werden kann. Selbstverständlich gibt es barrierefreie Zugänge zu allen Räumen des Gebäudes und die Flure sind großzügig angelegt, so dass bewegte Lerninhalte vom Klassenzimmer in den Flur ausgelagert werden können. Auch die Turnhalle verfügt über technische Besonderheiten, die bewegungsorientiertes Lernen in besonderem Maße ermöglichen. Diverse Verankerungen in der Decke, den Wänden und dem Boden ermöglichen einen sicheren Geräteaufbau. So können vielfältige Angebote zum Schaukeln/Schwingen, Balancieren oder ähnlichem zusammengestellt werden. Ein Schwimmbad mit einem Matschbereich und der regelmäßige Besuch des nahgelegenen Förderzentrums E.J. Kiphard, der Modelleinrichtung für Psychomotorik, erweitern diese Möglichkeiten noch.

Die räumlichen Besonderheiten bieten für das Kollegium und die Schüler immer wieder Anreiz für neue Zugänge zur Bewegung. Diese Rahmenbedingungen erleichtern die Entwicklung bewegter Konzepte. Das Beispiel Motomathe, das im Folgenden dargestellt wird, gibt einen kleinen Einblick.

Motomathe wurde von mehreren Kolleginnen und Kollegen entwickelt und wird durch die Fachkonferenz Mathe/Motomathe fortgeführt und weiterentwickelt. Dabei werden Aspekte der Fachdidaktik Mathematik, Erkenntnisse aus der Forschung zu dem Problem der Rechenschwäche und Aussagen, die den Zusammenhang von Bewegung und kognitiver Entwicklung belegen, berücksichtigt. Da diese Erkenntnisse auch durch die Richtlinien und Rahmenvorgaben für sonderpädagogische Förderung gestützt werden, lassen sich auch aus diesen Grundsätze ableiten, die im Konzept Motomathe ihre Umsetzung finden.

Grundsätze aus den Richtlinien und Rahmenvorgaben

Der Rahmenlehrplan Bewegungserziehung/Sport in der sonderpädagogischen Förderung begreift Bewegung und Wahrnehmung als Grundlage für schulische Entwicklungsförderung.

Demnach ist Bewegung von grundlegender Bedeutung für Unterricht und ganzheitliche Erziehung. Durch Erproben und Erleben, Beobachten und Darstellen sowie Erlernen und Anwenden von Bewegungen erfahren Schülerinnen und Schüler die Bewegung als ein wesentliches und übergreifendes Lernprinzip in allen Unterrichtsfächern und im Schulleben. Dabei werden drei Ebenen unterschieden:

Das **Lernen mit Bewegung** bindet Bewegungselemente in das Schulleben ein. Es öffnet Schule für vielfältige Sinneserfahrungen und fördert damit ein positives Lern- und Arbeitsklima. Lernen mit Bewegung ist Motivationshilfe und gleichzeitig ein Element zur Rhythmisierung von Unterricht und Schulleben. Sensibilisierung für und Vernetzung von Wahrnehmung, Bewegung und Kognition sind Voraussetzung und Bestandteil schulischen Lernens und Handelns.

In diesem Bereich werden Basiskompetenzen angebahnt, die zur Erarbeitung mathematisch relevanter Inhalte notwendig sind. Im Vordergrund steht dabei jedoch die Bewegung und noch nicht die Mathematik, da ähnliche Basiskompetenzen auch für andere Fachbereiche, z. B. für die Entwicklung der Schriftsprache, erforderlich sind.

Das **Lernen über Bewegung** berücksichtigt die Motivations- und Interessenlage, den Entwicklungsstand, die Leistungsfähigkeit und die geschlechtsspezifischen Besonderheiten der Schülerinnen und Schüler. Es ergänzt die themenorientierten Lernerfahrungen durch körpernahes Lernen und handlungsbezogenes Vorgehen. Individuelle Fähigkeiten, Möglichkeiten und Begabungen bilden den Rahmen für den Aufbau persönlicher, fachlicher und sozialer Kompetenzen über Wahrnehmung und Bewegung. **Fachspezifische Zugänge werden durch Bewegungshandeln unterstützt.**

Für Motomathe bedeutet dies, dass viele mathematische Übungsformen mit, über und durch Bewegung angeboten werden. Beispielsweise können viele Zuordnungen, wie sie häufig in Schulbüchern zu finden und mit dem Bleistift zu lösen sind, durch geeignete Materialien auch auf dem Fußboden dargestellt und durch Rollbretter oder andere Bewegungsmöglichkeiten gelöst werden. Mathematisch bedeutet dies zunächst keinen Zugewinn, eine Zuordnung bleibt eine Zuordnung, unabhängig davon, ob sie mit dem Bleistift oder mit dem Rollbrett gelöst wird. Die Hinzunahme von Bewegungselementen bewirkt jedoch meistens eine höhere Motivation, die Einbeziehung von Emotion, Gruppendynamik, und andere Aspekte, die insgesamt zu einer Verbesserung des Lernmilieus führen und damit auch mathematische Entwicklung bewirken können.

Das **Lernen in Bewegung** stellt einen direkten Bezug von Bewegung und fachlichen Inhalten her. Diese werden über vielfältige sinnliche Wahrnehmungen bewegt erfahren. Die Schülerinnen und Schüler werden zu einer thematisch orientierten Auseinandersetzung mit Bewegung geführt.

An dieser Stelle geht das Konzept Motomathe der Frage nach, welche mathematischen Prinzipien gerade durch Bewegung erfahren, erfasst und angebahnt werden können. Der mathematische Sachverhalt wird aufgrund der Bewegungserfahrung verständlich. Das heißt, dass die Bewegung an sich ausschlaggebender Impuls für mathematische Weiterentwicklung ist. Beispielsweise kann das Zählen in Schritten durch Überspringen einzelner Elemente veranschaulicht und als Prinzip verinnerlicht werden. Später kann vom Schüler dieses Prinzip zur Problemlösung abgerufen werden, ohne dass die tatsächliche Bewegungsausführung noch notwendig ist.

Nach dem Entwurf der Richtlinien mit dem Förderschwerpunkt Geistige Entwicklung sollen die Kinder im Fachbereich Mathematik lernen „ Reize (zu) unterscheiden – bis hin zur Fähigkeit, mathematische Operationen anzuwenden".
Daraus wird ersichtlich, dass für einen Großteil der Schülerinnen und Schüler an der Förderschule mit dem Förderschwerpunkt Geistige Entwicklung zunächst die mathematischen Fachbereiche Pränumerik, Entwicklung der Zahlvorstellung und erstes Rechnen einen Rolle spielen werden. Selbstverständlich sind alle anderen Fachbereiche der Mathematik ebenfalls relevant, wenn das Förderbedürfnis des Schülers dies notwendig macht.

Grundsätze des Lernens in Bewegung

Dass Lernen in und mit Bewegung positive Auswirkungen auf die Förderung von Schülerinnen und Schülern hat, ist in vielen Studien untersucht worden.

Ausgangspunkt für die bewegte Schule war Mitte der achtziger Jahre die erschreckende Feststellung, dass immer mehr Grundschüler Rückenbeschwerden aufwiesen. Die hohe Belastung zu langen Sitzens verknüpft mit der Meinung, man könne nur lernen, wenn man stillsitzt wurde erstmals hinterfragt. Ob motorische Förderung tatsächlich Auswirkungen auf kognitive Funktionen hat, ist seither kontrovers diskutiert worden. Unsere Erfahrungen zeigen uns, dass Schüler häufig leichter zu motivieren sind, wenn die Lösung einer Problemstellung sich spielerisch in Bewegung durchführen lässt. Gleichzeitig kann die Aufgabenstellung so offen gestaltet werden, dass die Schüler eine Lösung, entsprechend des eigenen Leistungsvermögens finden können, ohne dabei bei den Mitspielern als „schwächer" oder „langsamer" etc. aufzufallen. Beispielsweise können alle Schüler kegeln, während ein Schüler dabei seine Wahrnehmungen bezüglich der Auge-Hand-Koordination schult und ein anderer Schüler bereits Notationsformen für die umgeworfenen Kegel entdeckt, die ihn zu schriftlichen Additionsverfahren führen. Solche Aspekte führen zu größerer Schulzufriedenheit (vgl. dazu Dordel/Breithecker 2004).

Darüber hinaus stellt Dordel (2003) fest, dass „Bewegung als Katalysator der gesamten Entwicklung eines Kindes wirkt; dieses gilt um so mehr, je jünger ein Kind ist. Umfangreiche Wahrnehmungs- und Bewegungsreize tragen zur Differenzierung und Synaptogenese als wesentlichen Prozessen der Entwicklung des Zentralnervensystems bzw. zur Sicherung von Entwicklungsfortschritten bei".

Grundsätze der Rechenförderung

Ehe man sich über Grundsätze der für Motomathe relevanten Rechenförderung einigen kann, sollte definiert werden, in welchem Bereich Rechenförderung notwendig erscheint. Für Grundschüler der vierten Klasse kommt man dabei sicher zu anderen Ergebnissen, als bei Erstklässlern einer Förderschule. Während die einen das richtige Zählen und Abzählen erst noch erlernen müssen, geht es für die anderen darum, gerade an dieser Kompetenz nicht festzuhalten und stattdessen Strategien wie Verdoppeln oder Rechnen in Schritten zu entdecken.

Gerster hat in dem Projekt „Rechenschwäche – Erkennen, Beheben, Vorbeugen" die Grundprobleme von Kindern mit Rechenschwäche untersucht. Als wichtigstes Hindernis beim Erlernen des Rechnens erkennt er ein einseitiges Zahlenverständnis, bei dem die Zahlen nur als Positionen in der Reihe der Zahlwörterreihe erkannt werden, ein einseitiges Operationsverständnis, bei dem Rechnen nur als zählendes Rechnen durch Abschreiten auf der Zahlenreihe geübt wird und als Folge davon eine fehlende Automatisierung der Basisfakten.

Entsprechend leitet er Fördermaßnahmen ab, bei denen die wichtigste Leistung des Kindes beim Erlernen von Rechenkompetenz das Verständnis von Zahlen als Zusammensetzung aus anderen Zahlen ist (Teil-Ganzes-Konzept). Ebenso werden die Prinzipien „Verdoppeln und Halbieren" sowie Rechnen mit 5er- und 10er Portionen als besonders bedeutsam gewertet, um eine nicht zählende Strategie entwickeln zu können.

Andere Autoren betonen, dass gerade die Förderung von Zähl- und Abzählfertigkeiten als wesentliches Lernziel in der Zahlbegriffsentwicklung formuliert werden kann. Eine ebenso wichtige Rolle spielen die kognitiven Schemata des Vergleichs, des Vermehrens/Verminderns und der Teil-Ganzes-Relation. Diese werden als Grundlage für das spätere Verständnis von Addition und Subtraktion betrachtet. Neben der reinen fachspezifischen Förderung wird die Förderung allgemeiner Lernvoraussetzungen sozialer und emotionaler Form sowie die Fähigkeiten der individuellen Wahrnehmungsverarbeitung empfohlen (vgl. Fritz, Ricken, Schmidt, 2003).

Eine weitere wichtige Voraussetzung für die Erarbeitung des Zahlbegriffs ist die Erkenntnis, dass Gegenstände durch ihre Eigenschaften Form, Größe und Farbe gekennzeichnet sind (vgl. Blümer, Gräve und Oppitz, 2001). Die Möglichkeiten Farbe zu erfassen, bestehen eigentlich nur durch den verbalen Zugang. Bestimmte Situationen oder Erlebnisse werden von den Erwachsenen beispielsweise mit „rot" bezeichnet, das Kind hat nun die Möglichkeit, seine mit dieser Situation erfahrenen Erlebnisse mit dem akustischen Signal rot zu verbinden und sich so allmählich einen Begriff von „rot" zu erarbeiten. Es geht also darum, das gesprochene „rot", das akustische Signal, in verschiedenen Sinnzusammenhängen dem Kind erfahrbar zu machen. Lernen in Bewegung kann an dieser Stelle dazu beitragen, lernfördernde Situationen zu schaffen, die von dem Kind mit „rot" verknüpft werden können.

Ebenso wichtig ist das Erkennen von Raum-Lage-Veränderungen und die Erkenntnis, dass sich der Körper selbst durch die Veränderung der Raumlage nicht verändert. Lernen in Bewegung bietet dabei die Möglichkeit, zunächst mal den eigenen Körper in unterschiedlichen Raumlagen zu erfahren. Später können andere Körper/Gegenstände in ihrer Raumlage verän-

dert werden. Trotzdem lernen die Kinder, den gleichen Körper, auch unter veränderter Raumlage, wieder zu erkennen.

Die Konzeption Motomathe

Dem Konzept liegt eine pädagogische Haltung zugrunde, die sich am systemisch-konstruktivistischen Ansatz orientiert. Das heißt, dass wir akzeptieren, dass der Lernende letztlich selbst bestimmt, was er lernt. Die didaktischen und inhaltlichen Lernmittel sind Angebote und Hilfsmittel, den Lernenden auf seinem individuellen Lernweg zu begleiten. Dabei ist uns bewusst, dass Lernen in Bewegung nur einen Zugang neben anderen Möglichkeiten darstellt. Auch wir sitzen immer wieder vor Schülern, die lieber ein Arbeitsblatt bearbeiten, statt sich zu bewegen. Aber die Fachkonferenz Mathematik ist der Überzeugung, dass Lernen in Bewegung viele Aspekte verbindet. Den Schülern, die mit Mathematik ihre liebe Not haben, bietet es eine Alternative und Schülern, die sich erstmalig mit Mathematik befassen, ermöglicht die Bewegung einen positiven Zugang zur Mathematik. Dabei gelten folgende Leitgedanken:

– Lernen mit, über und in Bewegung führt zu größerer Schulzufriedenheit
– Lernen mit, über und in Bewegung erhöht die Lernbereitschaft der Schülerinnen und Schüler, sowohl emotional, sozial und kognitiv. Die Konzentrationsdauer erhöht sich
– Lernen mit, über und in Bewegung bietet einen Zugang auch kognitive Sachverhalte zu erfassen

– Die Bewegungsangebote sollen immer auch Anlass zur mathematischen Auseinandersetzung geben. Denn die Bewegung um der Bewegung Willen führt nicht zu einer Verbesserung des mathematischen Verständnisses.

Diesen Leitgedanken folgend ergab sich die Zielstellung, dass die eingesetzten Materialien, Spiel- und Arbeitsformen möglichst vielfältig einsetzbar sein sollen, ohne großartig verändert werden zu müssen. Nur so kann dem unterschiedlichen Lernstand der Schülerinnen und Schüler angemessen begegnet werden. Die eingesetzten Materialien und Hilfsmittel sind oft ohne großen Kostenaufwand selbst hergestellt, oder Teil der Ausstattung der Schule.

Da sich die angebotenen Bewegungsmuster an den mathematischen Prinzipien orientieren, ist es möglich, diese großräumig oder auch kleinräumig umzusetzen. Dadurch kann den unterschiedlichen räumlichen Gegebenheiten einer Einrichtung Rechnung getragen werden.

Gleichzeitig sollten die mathematisch relevanten Ansätze Berücksichtigung finden und möglichst vielen Kindern den Zugang zur Mathematik zu erleichtern. Vor allem Gersters Feststellung, dass Mathematik immer auch die kognitive Auseinandersetzung des Lernenden mit dem mathematischen Sachverhalt erfordert, soll berücksichtigt werden. Lernen in Bewegung soll also nicht nur um der Bewegung Willen erfolgen, sondern den Schülerinnen und Schülern kognitive Sachverhalte vermitteln. Die Bewegungsanforderungen sollen so gewählt werden, dass sie nicht die volle Aufmerksamkeit des Kindes an sich binden, da sonst die mathematischen Lernziele nicht erreicht werden könnten. Ein Kind, welches beim Balancieren über das Wackeldreieck voll mit der Herstellung des Gleichgewichts beschäftigt ist, wird kaum Kapazität haben, die dreieckige Anordnung der Station wahrzunehmen, geschweige denn in einen auf Mathematik bezogenen kognitiven Prozess einzubinden. Die Lehrkraft muss daher genau abwägen, welches Bewegungsangebot für welchen Schüler gerade angemessen ist.

Die Beobachtung unserer Schülerinnen und Schüler hat uns gezeigt, dass einige Schüler die Bewegung nach einer gewissen Zeit nicht mehr vollständig, später sogar gar nicht mehr körperlich ausführen müssen. Sie sind offensichtlich in der Lage, die Bewegung in ihrer inneren Vorstellungskraft ablaufen zu lassen. Teilweise wird dieses „Ablaufen" durch kleine, begleitende Bewegungen (z. B. Tippen der Finger am Körper) begleitet. Dieses im Inneren entstandene Bild, bzw. dieser kleine Film, den die Schüler offensichtlich abrufen können, bezeichnen wir als „virtuelle Bewegung". Das Durchführen der tatsächlichen Bewegung scheint dann nicht mehr notwendig zu sein.

Ein weiterer Vorteil des bewegten Rechnens bei Motomathe besteht darin, dass leichter auf bekanntes Grundwissen der Schüler zurückgegriffen werden kann. Den meisten Kindern ist der Sachverhalt von Spielregeln bekannt. Viele Spielregeln werden in einem Prozess gemeinsam entwickelt, damit das Spiel einen Sinn erhält. Dies Prozedere kann auf die Einführung bestimmter mathematischer Regeln übertragen werden und wird von den Kindern gerne angenommen. Ein Beispiel hierfür ist das Abzählen einer bestimmten Menge mit Hilfe eines geeigneten Rasters. Es gilt die Regel, dass in jedes Feld des Rasters nur ein Gegenstand gelegt werden darf. Außerdem fangen die Schüler an, das Raster von vorne zu bestücken und lassen dabei keine Lücken. Der Sinn dieser Regeln wird mit den Kindern erarbeitet. Ordnen sie später Punkte in ein Punktefeld, können sie diese Regeln anwenden.

Darüber hinaus stellt das Rechnen in Bewegung nicht nur eine mathematisch-fachliche Förderung dar, sondern bewirkt Synergieeffekte auch hinsichtlich fachübergreifender Förderziele. Dazu gehören natürlich die motorisch-sensorischen Förderziele, aber auch Ziele in der emotional-sozialen Entwicklung der Kinder. Viele der Aufgaben können in Kleingruppen durchgeführt werden. Dort wird dem Kind z.B. abverlangt, einander zu helfen und sich gegenseitig zu unterstützen, aber auch abzuwarten, bis man dran ist.

Dadurch wird Motomathe ein ganzheitliches Förderkonzept, welches immer versucht, das Kind in seiner Gesamtheit, und nicht als Summe seiner Einzelteile zu verstehen. Ebenso ist es ein dynamisches Konzept, da die Grundspielformen immer wieder neu variiert und verändert werden.

Dies erfordert eine genaue Beobachtung des Unterrichtsgeschehens, damit die gestellten Aufgaben immer wieder an die Entwicklung der Kinder angepasst werden können. Dies ist besonders wichtig, um die Kinder immer wieder in die kognitive Auseinandersetzung mit den Lerninhalten zu führen. Dabei sollte die Komplexität der Spielformen in etwa der Komplexität des mathematischen Verständnisses entsprechen. Besonders bei steigendem mathematischem Anspruch wird es für die Kinder nicht mehr motivierend sein noch „Babyspielchen" zu machen. Ebenso lenkt eine Überforderung bezüglich der Spielform von den mathematischen Inhalten ab.

Den zuvor formulierten Leitgedanken folgend, beginnt Motomathe bereits bei der Anbahnung von Basiskompetenzen im Bereich der Wahrnehmungsförderung und kann von dort aus prinzipiell auf alle mathematischen Themengebiete angewandt werden. Entsprechend unserer Schulform befassen wir uns häufig mit den Themen Pränumerik, Zahlbegriffsentwicklung und erste Rechenschritte im Zahlraum bis 20. Frau Dr. Kraft-Lochter entwickelte Übungsformen, die im Zahlraum bis über Tausend eingesetzt werden können.

Praktische Anwendungsbeispiele/Spielbeschreibungen

Kegeln

Grundidee des Spiels ist ganz allgemein das Kegeln. Die Mitspieler erhalten einen Ball und kegeln damit geeignete Kegel um.

Variationen des Spiels

in der Spielform
– Anzahl der Kegel, ihrer Abstände zueinander, Größe und Art des Balls usw. dem motorischen Können der Kinder anpassen
– räumliche Möglichkeiten nutzen, Kegeln kann auch mit dem Rollbrett, welches eine Bank (spezielles Rollbrett, welches durch die Bank geführt wird) oder Rollbrettbahn hinunter fährt, gespielt werden.

im fachlichen Anspruch

– *Veränderung der Raumlage wahrnehmen/erfahren*
  Nach dem Wurf erhalten die Schüler den Auftrag, alle Kegel einzusammeln, die umgefallen sind. Diese Aufgaben können sie nur dann erfüllen, wenn sie über die Unterscheidungsmerkmale der Raumlage der Kegel verfügen.
  Anschließend werden die Kegel wieder aufgestellt.

– *Prinzip erkennen, dass Mengen/Zahlen immer auch aus anderen Mengen bestehen*

Durch den Wurf wird die Menge der stehenden Kegel in zwei Mengen geteilt, die die stehen bleiben, und die umgefallenen. Sie erfahren, dass bei jedem Wurf unterschiedliche Varianten (Anzahl der zu einer Menge gehörenden Elemente) entstehen. Durch Lehrerinteraktion muss dieser Zusammenhang immer wieder deutlich gemacht werden.

– *Die Notwendigkeit erkennen, ungeordnete Mengen nach bestimmten Regeln zu ordnen, um sie dann leichter abzählen zu können*
Die Kinder sammeln alle umgefallenen Kegel ein und sortieren sie einzeln in ein geeignetes Raster. Hierzu kann eine am Boden liegende Leiter, ein großes Punktefeld, Teppichfliesen oder ähnliches Material eingesetzt werden. In jede Rastereinheit darf nur ein Kegel gestellt werden. Dabei gilt die Spielregel, dass man vorne beginnt und keine Lücken lassen darf. (Der Sinn dieser Regel muss gegebenenfalls gesondert erarbeitet werden, siehe nachfolgenden Abschnitt „Mengen miteinander vergleichen"). Auf diese Weise wird spielerisch die Eins-zu- Eins-Zuordnung der Elemente zweier Mengen geübt. Darüber hinaus erfahren die Kinder, dass es leichter ist , geordnete Mengen zu vergleichen, als ungeordnete. Selbstverständlich machen Kinder dabei Fehler. Hier gilt es, diese zu korrigieren und mit dem Kind zu besprechen.

– *Mengen miteinander vergleichen (Arbeit mit Invarianzen)*
Gespielt wird nun in zwei Gruppen, entsprechend den oben genannten Spielregeln. Für jede Gruppe wird ein eigenes Raster benötigt. Die umgefallenen Kegel eines jeden Wurfes werden in das Raster eingeordnet und für den nächsten Wurf nicht zurückgestellt, sondern durch neue Kegel ersetzt. Nach zwei bis vier Durchgängen sollte festgestellt werden, welche Gruppe diesen Durchgang gewonnen hat. Um hierbei zu einem richtigen Ergebnis zu kommen müssen die Kinder mit verschiedenen Problemen der Invarianz umgehen können. Bei der Ermittlung des Siegers können diese mit den Kindern besprochen und erarbeitet werden.

Beispiel:
Die Schüler der Gruppe A haben insgesamt 7 Kegel in ihrem Raster stehen, die Schüler der Gruppe B nur 5. Diese haben sich jedoch nicht an die Regel gehalten, das Raster ohne Lücken aufzufüllen, wodurch die fünf Kegel einen längeren Raum des Rasters einnehmen, als die 7 Kegel der anderen Gruppe. Die Schüler der Gruppe B sehen sich als Gewinner.
Dieses Beispiel macht ebenfalls deutlich, dass die spielerische Form in Bewegung nicht die Auseinandersetzung mit dem mathematischen Problem ersetzen kann. Es ist aber auch naheliegend, dass die Darstellung des Problems in Bewegung eine höhere Motivation erzeugt, das Problem zu lösen.
Beim Vergleichen der Mengen müssen die Schüler zunächst noch nicht zählen können. Sich deutlich unterscheidende Mengen können Schüler

auch ohne abzählen häufig richtig zuordnen. (Einüben von Mehr/Weniger als Prinzip). Erst mit zunehmenden Kompetenzen der Schüler können die Mengen durch Abzählen verglichen werden.

– *Die Unabhängigkeit der Mächtigkeit einer Menge von der Form ihrer Elemente erkennen*
Die Kinder spielen wie bisher auch, jedoch soll jeder umgefallene Kegel in einen anderen Gegenstand (beispielsweise einen Punkt aus Moosgummi) umgetauscht werden. Durch Eins-zu-Eins-Zuordnungen von Kegeln und Punkten stellen die Schüler bald fest, dass man statt der Kegel auch die Punkte zählen und vergleichen kann, dass für Punkte die gleichen Gesetze gelten wie für Kegel. Der Einsatz von Punkten bahnt gleichzeitig die Arbeit mit dem Punktefeld auf enaktiver (handelnder) Ebene an. Arbeiten die Kinder später auf bildhafter/ikonischer Ebene, ist die Wahrscheinlichkeit, dass sie Analogien zu den Spielformen herstellen können, größer.

– *Kardinale Zahlaspekte erarbeiten (Teil-Ganzes-Prinzip)*
Häufig verfügen Kinder über zählende/abzählende Strategien, ohne mit den Ziffern konkrete Mengen zu verbinden und über das Bewusstsein zu verfügen, dass Mengen immer auch aus Teilmengen bestehen. Dieses fehlende Wissen hindert sie daran, geschickte Rechenstrategien zu entwickeln. Ein Mittel, dieses Wissen anzubahnen, ist die häufige Zerlegung von Mengen in unterschiedliche Teilmengen, wie es oft durch Schüttelkästen im ersten Schuljahr der Grundschule geübt wird.
Das Kegeln ist eine andere Form, diesen Zusammenhang zu erkennen. Die Menge der gesamten Kegel wird nach dem Wurf in zwei Teilmengen zerlegt. Gleichzeitig können die Schüler dabei das simultane Erfassen der Teilmenge üben.

Dosen werfen

– Das Dosen werfen ist eine dem Kegeln sehr ähnliche Spielform. Die oben beschriebenen Spielformen können analog auch durch Spiele zum „Dosen werfen" erarbeitet werden. Mathematisch bestehen dabei keine Unterschiede zum Kegeln, trotzdem erleben die Kinder den Wechsel der Spielform als sehr abwechslungsreich.

Die Fliesenreihe

– An der Fliesenreihe schreiten die Kinder die Zahlen schrittweise ab. Dazu können eigene Spielformen entwickelt werden, z.B. das Würfeln von Zahlen, die dann abgeschritten werden. Dies wird verknüpft mit lautem Sprechen der jeweiligen Zahl, auf der sich der Schüler gerade befindet. Häufig wird die Zahlenreihe als Ergänzung zu anderen Spielformen angeboten, z. B. kann derjenige, der eine drei gekegelt hat, anschließend die drei auch auf der Zahlenreihe abschreiten und dann dreimal auf dem Trampolin hüpfen.

– Mit der Fliesenreihe kann man den ordinalen Aspekt, die Ordnung von Zahlen, darstellen und eine weitere Alternative zur Erarbeitung des Zahlbegriffs schaffen. Sie eignet sich, die zählende Strategie von Kindern darzustellen, anzubahnen und zu festigen.

An dieser Stelle soll nicht über die mathematischen Vor- und Nachteile der zählenden Strategie diskutiert werden, da es dazu ausreichend mathematische Fachliteratur gibt (vgl. Fritz, Rikken, Schmidt, 2003). Festzuhalten bleibt jedoch die Aussage, dass die zählende Strategie bis zu einem gewissen Zeitpunkt sogar erwünscht ist, da sie gerade in kleinen Zahlräumen zu schnelleren Ergebnissen führen kann. Gleichzeitig wird sie – vollständig umgesetzt – in größeren Zahlräumen und Rechenoperationen komplex und fehlerträchtig, und gerade als rechenschwach aufgefallene Kinder zeichnen sich dadurch aus, dass sie häufig über keine andere Strategie als die zählende verfügen.

– Wenn Kinder den ordinalen Aspekt von Zahlen lernen, geschieht dies fast immer durch akustische Reize, z. B. Nachsprechen der Zahlwörter, auswendig lernen der Zahlwortreihe und ähnliches.
Beim Abschreiten der Zahlenreihe können diese Erfahrungen durch kinästhetische Erfahrungen und durch veränderte Raumlageerfahrungen ergänzt werden, was aus lernpsychologischer Sicht durch die Vielfältigkeit der Reize zu einem besseren Lernen führt.

Zunächst bildet die Zahlenreihe einen visuellen Eindruck der Platzhalter (Teppichfliesen) und Zahl- oder Mengensymbole (Ziffern und/oder Punktbilder). Das schrittweise Abschreiten von Zahl zu Zahl verdeutlicht ein zentrales Ordnungsprinzip: Eine Zahl hat immer einen um eins größeren Nachfolger (oder einen um eins kleineren Vorgänger). Diese Ordnung wird kinästhetisch verankert. Gleichzeitig können die immanenten kardinalen Aspekte (größere Zahlen repräsentieren auch mächtigere Mengen) durch Raumlagebeziehungen dargestellt werden. Eine große Zahl ist weiter weg, eine kleine nicht so weit. Ebenso kann das Prinzip des Mehr/Weniger durch Richtungsänderungen Vorwärts/Rückwärts verdeutlicht werden. Die Schüler erhalten also zusätzliche Stimuli, die Ordnung von Zahlen zu begreifen.

- Einige Schüler entwickelten ihre Fertigkeiten im Umgang mit der Fliesenreihe so gut, dass sie damit einfache Multiplikationsaufgaben lösen konnten. So kann die Aufgabe „fünf mal drei" gelöst werden, indem der Faktor drei durch dreimaliges Antippen einer Teppichfliese repräsentiert wird. Dies wird für die Zahlen eins bis fünf wiederholt. Beim Mitzählen jedes Tippens wird das Ergebnis „Fünfzehn" festgestellt. Auch diese Strategie konnte so verinnerlicht, also als virtuelle Bewegung festgehalten werden, dass später einfache Multiplikationsaufgaben ohne den Aufbau der Teppichfliesenreihe gelöst werden konnten.
Natürlich ist uns bewusst, dass sich diese Strategien nicht eignen, um einen Schüler zu einem „Mathe-Ass" zu machen. Zieht man jedoch in Betracht, dass einige Schüler ohne diese Strategie überhaupt nicht in der Lage wären, entsprechende Probleme zu lösen, so ist die Teppichfliesenreihe ein lohnender Weg.

Das Wackelbrett

Das Wackelbrett ist auf einem Rohrstutzen gelagert, auf dessen Ende sich ein Tennisball befindet.

Die Grundidee des Spiels besteht darin, nach einem festgelegten Modus Gegenstände auf dem Brett auszubalancieren.

Spielvarianten:

Wegen der Einfachheit der Grundidee können sehr viele Spielvarianten erfunden werden. Hier nur einige Beispiele:

- Erfahrungen zu Formen von Körpern sammeln
  Den Kindern werden unterschiedlich geformte Körper (Kugeln, Zylinder, Pyramiden, Quader) als Bauklötze angeboten, die sie auf dem Brett ausbalancieren sollen. Schnell werden sie die Unterschiede von „rund" und „eckig" durch das Wegrollen der runden Körper erfahren.

– Erfahrungen zu Farben von Körpern sammeln
Den Kindern wird der Auftrag gegeben, die Bauklötze nach Farben auf
das Brett zu legen (z. B. „stelle einen roten Klotz auf das Brett"). Der
Lernweg ist natürlich auch in dieser Situation nur durch das akustische
Signal „rot" gegeben, das Spiel an sich schafft jedoch ein anregendes
Arrangement. Das Spiel wird besonders lustig, wenn „verrückte" Gegen-
stände zugelassen werden (z. B. roter Socken, brauner Schuh etc.).

– Die Zusammensetzung von Körpern aus den Grundformen erfahren (z.B.
Pyramide/Dreiecke)
Neben dem Brett liegt ein Stapel mit Spielkarten, die die mathematischen
Grundformen (Kreis, Dreieck, Quadrat...) enthalten. Ist ein Spieler an der
Reihe, zieht er eine Karte und legt einen der Karte entsprechenden Körper (Würfel, Pyramide, Kugel, Zylinder...) auf dem Brett ab. Die Entscheidung sollte begründet werden, da manche Körper aus mehreren Grundformen bestehen (z. B. Pyramide aus Dreiecken und Quadrat als Grund-
fläche.

– Anregungen, Mengen zu vergleichen (Mehr/Weniger-Prinzip)
Jeder Spieler stellt der Reihe nach einen Klotz auf dem Brett ab. Kippt
das Brett, bekommt derjenige alle Klötze, der das Kippen verursacht hat.
Gewinner ist, wer nach einer bestimmten Zeit die wenigsten Klötze hat.
Dabei können verschiedene Möglichkeiten zum Vergleichen mehrerer
Mengen eingeübt werden.

– Erfahrungen aus dem Bereich „Bauen und konstruieren"
Zwei Schüler der gymnasialen Klasse sechs stellten sich die Aufgabe, so
viele Bauklötze wie möglich auf dem Brett zu stapeln und endeten nach
mehreren Versuchen bei über 200
Andere Schüler errichteten möglichst hohe Bauklotztürme auf dem Brett
und entwickelten Strategien, in welcher Reihenfolge welche Form von
Bauklötzen am besten geeignet ist.

– Erfahrungen aus dem Bereich „Zählen/Abzählen"
Die Schüler erhalten die Aufgabe, eine bestimmte Anzahl von Steinen
auf dem Brett auszubalancieren („Stelle vier Steine auf das Brett!" etc.)

– Erfahrungen zum ersten Rechnen
Die Schüler balancieren verschiedene Rechenaufgaben auf dem Brett
aus (z.B.: „Stelle drei rote und vier grüne Klötze auf das Brett. Wie viele
sind das zusammen?")

Wie an den bisher aufgeführten Spielbeschreibungen zu erkennen ist, lassen sich aus einfachen Grundspielen fast unerschöpflich viele Varianten zu
verschiedenen Bereichen der Mathematik entwickeln. Ergänzend zu den
bereits genannten Spielen möchte ich nachfolgend noch Spielstationen in

ihrer Grundspielform beschreiben, die sich ebenfalls als geeignete Spielformen erwiesen haben. Dabei geht es darum, die Idee mancher Spiele darzustellen, ohne weitere Varianten zu beschreiben. Diese können Sie mit etwas Kreativität selbst ableiten. Nachfolgende Beispiele sollen nur als Anregung dienen.

– Laufspiele zu geometrischen Formen:
Grundidee ist es, sich durch das Laufen mit der Form auseinander zusetzen.

Beispiele:
Verschiedene Anweisungen, sich mit der jeweiligen Form (hier durch ein langes Seil am Boden liegendes Viereck) zu befassen. Z.B.: Lauft um das Viereck herum; lauft auf dem Viereck; lauft in dem Viereck; setzt Euch auf eine Ecke usw.
Es besteht auch die Möglichkeit, die Figur zusammen mit den Kindern zu konstruieren. Wer muss an welcher Stelle des Seils ziehen, damit eine vorgegebene Form entstehen kann?

– Verschiedene Stationen, die einer mathematischen Figur entsprechen

Beispiel „Wackeldreieck":
Das Wackeldreieck ist eine dreieckig angeordnete Balancestation, die über motorische Anforderung im Gedächtnis verankert wird. Der Name, Wackeldreieck, ist den Kindern bekannt, zunächst ohne den mathematischen Zuschreibungen zu einem Dreieck. Allerdings werden Name der Station und Erlebnis miteinander verknüpft. Dadurch kann das Wiedererkennen des Dreiecks in anderen Zusammenhängen erleichtert werden.

Beispiel: Ein Schüler wird aufgefordert, aus verschiedenen Formen das Dreieck auszuwählen („Gib mir das Dreieck"). Diese Aufgabe kann er zunächst nicht lösen. Er wählte keine Figur aus. Als Hilfestellung erhält er die Aussage „Das sieht so ähnlich aus wie unser Wackeldreieck im Sportunterricht", woraufhin er in der Lage ist, ein Dreieck auszuwählen. Offensichtlich ist es diesem Schüler gelungen, die motorische Erfahrung (die originär vermutlich nicht wirklich mit Mathematik verknüpft war) kognitiv zu verknüpfen und zur Lösung eines mathematischen Problems zu benutzen. Gleichzeitig gibt es Schüler, die diese Verknüpfung nicht vollziehen und demnach auf dem Wackeldreieck eine rein sensorische Erfahrung machen. Entscheidend ist, dass den Schülern die Möglichkeit geboten wird, solche Verknüpfungen machen zu können.

Gleichzeitig besteht die Gefahr, dass die Anordnung und deren vermeintlicher mathematischer Bezug von den Kindern nicht erkannt werden. Bei diesen Spielformen ist es wichtig, das Verhalten der Kinder zu beobachten und eine Anordnung gegebenenfalls zu verändern. Mögliche Fehlerquellen: Eine Anordnung ist zu groß und wird von den Kindern nicht mehr als eine Figur im mathematischen Sinn erfasst; eine Anordnung besteht aus Einzelteilen, die Zusammen eine Figur ergeben, wobei die Kinder die Einzelteile, nicht aber die Figur wahrnehmen; etc.

– Zuordnungsspiele in vielen Varianten:
Es können fast alle Zuordnungen, wie sie als Arbeitsblätter in Mathematikbüchern zu finden sind, in Bewegungsaufgaben in Form von Staffelspielen, Platzwechselspielen oder ähnlichem dargestellt werden. Dabei muss jedoch darauf geachtet werden, dass die Komplexität der Spiel- und Bewegungsanforderung so leicht vom Kind bewältigt werden kann, dass sie nicht vom eigentlichen Inhalt ablenkt.

– Varussellstation*
Ein Schüler sitzt oder kniet auf dem Varussell und angelt mit Hilfe eines Keschers eine Plastikflasche (den Schatz) aus einer Wasserwanne. Er zählt die

---

* Die mit * versehenen Stationen wurden von Frau Dr. Kraft-Lochter entwickelt.

darin enthaltenen Glasnuggets, eventuell mit den in vorherigen Spielen beschriebenen geeigneten Rastermöglichkeiten.

– Rollbrettstation:*
An dieser Station können die Zahlen mit unterschiedlichen Sinneskanälen erfasst werden, indem sie auf unterschiedliche Art und Weise dargestellt sind. Es werden Sandsäckchen eingesetzt, die die Zahlen in Gewicht und visueller Größe darstellen (Sandsack für die Vier ist vier mal so lang und vier mal so schwer wie der Sandsack für die Eins). Durch unterschiedliche Transportaufgaben kann so die Mächtigkeit von Mengen nicht nur abgezählt, sondern visuell und kinästhetisch erfasst werden.
Nach demselben Prinzip werden einzelne Elemente einer Menge (hier Spielzeugautos) entsprechenden Mengen (Achtergarage etc.) zugeordnet. Dabei sind die Garagen so angeordnet, dass die 4er-Garage vier mal höher hängt, als die 1er-Garage.

– Pfeilwurfstation*
Gespielt wird mit einer Dartscheibe, die auf die Bedürfnisse der jeweiligen Schüler abgestimmt ist (Zahlraum, Aufgaben, etc). Nun wirft ein Schüler mit zwei farblich unterschiedlichen Pfeilen und „erdartet" seine Rechenaufgabe, die dann mit den schon beschriebenen Hilfsmitteln (Fliesenreihe, großes Punktefeld, Leiter...) ausgerechnet wird.

– Mikadospiel*
Grundlage des Spiels ist das allgemein bekannte Spiel Mikado, welches hier mit Riesenstäben gespielt wird. Dieses Spiel ermöglicht das entdeckende Auffinden multiplikativer Strukturen, wie sie durch die Wertigkeit der Stäbe (2-er, 3-er...) vorgegeben ist. Die Ergebnisse können auf einem Aufgabenblatt festgehalten werden.

– Hundertertafel*
Die Hundertertafel wird mit großen Platten (22 x 22cm) auf den Hallenboden gelegt. Das Erkennen mathematischer Strukturen, wie Müller/Wittmann es beschreiben, kann nun mit den schon genannten Vorteilen mit Bewegung verknüpft werden. Es können Hausnummern gesucht werden, oder deren „Nachbarn", Aufgaben können auch „Erlaufen" werden, indem die Schüler die Wege zu einer bestimmten Zahl abschreiten. Durch Abschreiten unterschiedlicher Wege zum gleichen Ziel lernen sie ein weiteres mathematisches Prinzip anschaulich kennen.
Prinzipiell unterscheidet sich die Arbeit an der großen Hundertertafel nicht von der der kleinen Tafel aus dem Rechenbuch. Allerdings scheint die Möglichkeit des Abschreitens für viele Schüler eine Hilfe, die sie dem Buch nicht entnehmen können.

- Pedalostation*
Ein langes Tau wird mit Hilfe von Kreppband in Zehnerschritte eingeteilt. In diesem Beispiel kann dadurch der Zahlraum bis 1200 dargestellt werden. Es können nun ähnliche Übungen gemacht werden, wie mit der Fliesenreihe (vgl. „Fliesenreihe").

Das Entlangfahren an der Zahlenreihe mit dem Pedalo schafft einen noch größeren Reiz, als wenn die Schüler die Wege wie auf der Hundertertafel abschreiten.

Literatur

Akademie für Lehrerfortbildung Dillingen: Rechenstörungen; Diagnose – Förderung – Materialien. Donauwörth 1999.

Blümer, T./Gräve, R./Oppitz, M.: Rechne mit Zahlo Zifferli, Band 1-3. Donauwörth

Dordel, S./Breithecker, D.: „Zur Lern- und Leistungsfähigkeit von Kindern" in: Praxis der Psychomotorik 1/ 2004.

Fritz, A./Ricken, G./Schmidt, S.: Rechenschwäche. Weinheim 2003.

Gerster, H./Schultz, R.: Bericht zum Forschungsprojekt Rechenschwäche – Erkennen, Beheben, Vorbeugen. Freiburg, 2004.

Hollmann, W./Strüder, H./Tagarokis, C.: „Körperliche Aktivität fördert Gehirngesundheit und -leistungsfähigkeit" in Nervenheilkunde 9/2003.

Kraft-Lochter, C.: unveröffentlichtes Skript zur Beschreibung des Unterrichtsprojektes.

Kutzer, R.: Mathematik entdecken und verstehen, Band 1-3. Frankfurt am Main, 2001.

Radatz, H./Schipper, W./Dröge, R./Ebeling, A.: Handbuch für den Mathematikunterricht, Band 1-4. Hannover 1998.

Seewald, J.: Vortrag für das Symposium „Lernen in Bewegung" des Landesinstituts für Schule. Soest 2003.

Müller, E./Wittmann, G.: Handbuch produktiver Rechenübungen, Band 1+2. Stuttgart 1995.

Müller, E./Wittmann, G.: Das Zahlenbuch, Lehrerband, Band 1-4. Stuttgart 1998

Birgit Hahnemann

Projekt M
– die psychomotorische Antwort auf Übergewicht im Kindesalter

Birgit Hahnemann

Projekt M – Die psychomotorische Antwort auf Übergewicht im Kindesalter

So kann es kommen!

In der heutigen Zeit, in der Knabbereien und fast food überall zu haben sind und der Computer interessanter ist als das Spielen auf der Straße, fällt es dicken Kindern schwer, nicht immer weiter zuzunehmen. Dass Übergewicht Veranlagung ist, ist inzwischen bekannt. Ob ein Kind mit dieser Veranlagung dick wird, hängt jedoch von dem ab, was es isst und trinkt und davon, was es in seiner Freizeit unternimmt.

Die Chance einer wirksamen Verhaltensänderung ist bei Kindern wesentlich größer als im späteren Lebensalter, wenn über lange Jahre fest eingefahrene Gewohnheiten oft nur noch schwer zu verändern sind. Zudem haben wachsende Kinder im Vergleich zu Erwachsenen den wesentlichen Vorteil, dass sie bei gleichbleibendem Gewicht trotzdem durch ihr Wachsen schlanker werden.

Einmal dick, immer dick?

Im Rahmen seiner seit Jahren in Bonn und Rhein-Sieg etablierten Angebote, betreut der Förderverein Psychomotorik Bonn seit langem auch übergewichtige Kinder. Dabei konnte immer wieder festgestellt werden, dass einige Kinder im Laufe ihrer Förderung es schafften ihr Gewicht zu reduzieren. Diesen Effekt wollten wir aufgreifen und verstärken.

Deshalb haben wir das Projekt „muntere Magier mampfen mäßig", kurz: „Projekt M" konzipiert.

Der Förderverein Psychomotorik bietet seit dem Jahr 2000 in Bonn ein Schulungsprogramm für übergewichtige Kinder mit dem Titel „Projekt M – muntere Magier mampfen mäßig" an. Dieses Programm richtet sich an übergewichtige 5 bis12 jährige Kinder und deren Eltern. Im Rahmen des Projektes bieten wir alltagstaugliche Lösungsansätze an, die im Laufe der Gruppentreffen ausprobiert und nach Abschluss der Maßnahme fortgeführt werden können.

Das Projekt M arbeitet mit einem ganzheitlichen Ansatz. Nicht das Symptom des Kindes wird „therapiert" sondern die gesamte Familie wird einbezogen und bei Verhaltens- und Einstellungsänderungen unterstützt. Die Familien werden von einer Ernährungsmedizinerin begleitet. Sie stellt die me-

Gemeinsam werden wir's schaffen

dizinische Notwendigkeit zur Teilnahme an der Gruppe fest und führt eine Eingangs- und Abschlussuntersuchung der Kinder durch. Beide Untersuchungen dokumentieren den medizinischen Erfolg der Gruppe. Dabei kooperiert sie mit den Haus- bzw. Kinderärzten der Patienten. Den Ernährungsteil bei Eltern und Kindern betreut eine Diplom-Oecotrophologin. Den bewegten Stundenanteil bei Eltern und Kindern betreut eine Diplom-Sportlehrerin mit Zusatzqualifikation Psychomotorik. Die familien- und verhaltensfördernden Anteile betreut eine systemische Familienberaterin.

Nach einer ausführlichen medizinischen Eingangsuntersuchung und Anamnese nehmen die Kinder, die in altershomogene Gruppen von 6-10 Kindern zusammengefasst werden, an dem einjährigen Schulungsprogramm teil. Während der dreimonatigen Intensivphase treffen sich die Kinder jeweils wöchentlich 1 1/2 Stunden zur psychomotorischen Förderung, den „Munteren Magiern" sowie 1 1/2 Stunden zur Ernährungsberatung und -schulung der Gruppe der „Mampf Magier". Darüber hinaus findet intensive Elternarbeit in Gruppen- und Einzeltreffen statt.

Um am Projekt M teilnehmen zu können, müssen folgende Kriterien medizinisch abgeklärt sein: körperliche Belastbarkeit, Ausschluss einer endogenen Adipositas, BMI oberhalb des 90. alters- und geschlechtsspezifischen Perzentils gemäß den Leitlinien der Arbeitsgemeinschaft Adipositas.
Des Weiteren gibt es eine Voraussetzung, die uns besonders am Herzen liegt:

Deutliches Interesse seitens der gesamten Familie, an der Problematik etwas verändern zu wollen. Die Familien verpflichten sich per Vertrag, an der gesamten Maßnahme teilzunehmen.

Das ist ja ganz einfach: Gewicht halten – wachsen – fertig!

Mampf Magier – so heißt die Gruppe, wenn sie sich mit Ernährung beschäftigt.

Ziele der Mampf-Magier:

- Gewichtskonstanz bzw. langfristige Gewichtsreduktion,
- Normalisierung der Fettaufnahme auf 30 – 35 % der Gesamtenergiezufuhr,
- Erhöhung der Kohlenhydratzufuhr, vor allem der Zufuhr von komplexen Kohlenhydraten auf Basis der Empfehlungen der DGE bzw. der optimierten Mischkost,
- Setzen realistischer Ziele und Einüben der flexiblen Kontrolle,
- Erkennen von Risikosituationen und Erprobung von Handlungsalternativen,
- **Dauerhafte Gewöhnung an das neue Verhalten.**

Bei den Mampf-Magiern erfahren die Kinder in regelmäßigen Gruppensitzungen, woher es kommt, dass sie zunehmen und welche Folgen dick sein hat. Sie lernen, was sie gesund und fit macht und was sie schlapp und krank macht. So sollen in Zukunft möglichst viele „Schlappnix" gegen „Fittmacher" ausgetauscht werden und man begibt sich als magischer Detektiv auf die Spur der „Schlappnix". Das heißt, es wird erlernt, Lebensmittel mit hohem Fettgehalt gegen fittmachende Lebensmittel mit niedrigem Fettgehalt und vielen wichtigen Nährstoffen auszutauschen. Bei verschiedenen Spielen, erfahren sie was es bedeutet, mit allen Sinnen zu genießen. Außerdem machen sie sich mit Risikosituationen vertraut und überlegen Handlungsalternativen. Zu Hause wird regelmäßig ein „Mampf-und-Fitnessbogen" vom Essen und Trinken ausgefüllt. Insgesamt liegt der Ernährungstherapie die optimierte Mischkost des Forschungsinstituts für Kinderernährung zu Grunde. An zwei Nachmittagen wird das Gelernte in einer Lehrküche in die Praxis umgesetzt und schmackhafte, kalorienarme Gerichte zubereitet. So erlernen die Kinder spielerisch, wie sie durch bewusstes Essen und Trinken ihr Körpergewicht langfristig verändern können.

Zentraler Bestandteil der Gruppe ist der „Magier-Mitmach-Pass", ein Selbstbeobachtungsbogen sowie eine Selbstbelohnungskarte, zur Verstärkung positiven Verhaltens.

Rohkostmandala

Stundenbeispiele

1. Lebensmittelwahl: Fettreiche Lebensmittel
   „Du begegnest zum ersten Mal den Schlappnix in deinem Butterbrot und bastelst das Magier – Meter"
   Hausaufgabe: Nach dem Magier – Meter essen und davon berichten

2. Lebensmittelwahl – Austauschen statt Verzichten
   „Wir machen Fitness – Brote und tauschen Schlappnix gegen Fittmacher aus"
   Hausaufgabe: Eine Austauschmöglichkeit für das eigene Brot zu Hause ausprobieren

3. Lebensmittelwahl: Lebensmittel mit komplexen Kohlenhydraten und ihr Anteil am täglichen Speiseplan
   „Du besuchst die Fidelos im Fittmacherland und lernst die Verkehrsregeln für das Schlaraffenland kennen"
   Hausaufgabe: Seinen Lieblingsfittmacher zur nächsten Stunde mitbringen

Bewegungsspaß mit Wirkung:

Muntere Magier – so heißt die Gruppe, wenn es im Förderzentrum E.J. Kiphard psychomotorisch hoch her geht:

Bei der Gruppe „Muntere Magier" steht auf der Liste der angestrebten Ziele, die Verbesserung der Bewegungsfreude ganz vorne. Denn nur über die Zunahme bzw. überhaupt erst einmal das Wecken der Bewegungsfreude, kann sich langfristig, auch über das Projektende hinaus, das Bewegungsverhalten der Kinder hin zu mehr Aktivität verändern. Des weiteren geht es um Verbesserung der Bewegungsfähigkeit, der Körperwahrnehmung, Stei-

114

Muntere-Magier-Pyramide

gerung des Selbstbewusstsein sowie Stärkung der Sach- und Sozialkompetenz. Dem Projekt liegt ein psychomotorisches Konzept zugrunde, das u.a. Prinzipien der Kindzentriertheit berücksichtigt. Das Selbstkonzept der Kinder verbessert sich und es wird von den Stärken der Kinder, nicht von ihren Defiziten ausgegangen. Dies wird beispielsweise in 3 Unterrichtseinheiten sichtbar, die sich mit dem Thema körperliche Kraft auseinandersetzen. Kraft ist fast immer eine Stärke übergewichtiger Kinder, da sie ja täglich mit einigen Kilogramm mehr trainieren als ihre Altersgenossen. In Spielen mit den großen Weichbodenmatten, schweren Schaumstoffwürfeln oder Pezzibällen wird diese Kraft lustvoll erfahrbar. In kurzen Gesprächseinheiten, die sich mit Praxiseinheiten abwechseln wird das Thema Kraft – mit seinen Risiken und Chancen im sozialen Zusammenleben – erörtert. So werden Situationen von den Kindern

Kräftemessen

erzählt, in denen sie mit ihrer Kraft etwas Wichtiges für sich oder andere geschafft haben.

Die Nutzung der engen Wechselbeziehung der Motorik zu den anderen Persönlichkeitsbereichen stellt eine sehr effektive und kindgemäße Form der Entwicklungsförderung dar. Im Mittelpunkt steht die Förderung der Persönlichkeitsentwicklung und Handlungsfähigkeit des Kindes. Im traditionellen Sport- und Bewegungsangebot an Schulen und Vereinen erfahren übergewichtige Kinder sehr schnell, dass sie nicht zu den leistungsfähigen Kindern zählen. Diese frustrierende Selbsterkenntnis zusammen mit den Hänseleien der anderen Kinder erzeugen häufig einen Teufelskreis aus:
Übergewicht → verminderte motorische Leistungsfähigkeit → Hänselei → Vermeidung motorischer Vergleichssituationen → weitere Verschlechterung der motorischen Leistungsfähigkeit → mmer weniger Bewegung → noch mehr Übergewicht.

Mit Hilfe der Psychomotorik lässt sich dieser Teufels-kreis durchbrechen. Es geht hierbei nie um den direkten Leistungsvergleich der Kinder untereinander und auch nie um ein von außen ver-ordnetes Ausdauer- und Fettverbrennungspro-gramm. Die oben beschrie-benen Aspekte der Psycho-motorik bewirken, dass

Hineinspringen und wohlfühlen

auch übergewichtige Kinder wieder Spaß an der Bewegung bekommen, Erfolgserlebnisse haben, sich etwas zutrauen und sich auch effektiv motorisch verbessern. Über die Vermittlung eines neuen Körper- und Selbstwertgefühls wird so langfristig der Zugang zu mehr körperlicher Aktivität und gesünderer Lebensweise ermöglicht.

Praktische Maßnahmen:

◆ Sinnesschulung,
◆ Spaßbetonte und intensive Belastung der großen Muskelgruppen,
◆ Spielerische Haltungsverbesserung insbesondere im Fuß- und Rumpf-bereich (z.B. am großen Trampolin),
◆ Erlebnisreiche Bewegungsabenteuer,
◆ Entspannungs- und Wahrnehmungsspiele,
◆ Alltagsnahe Bewegungsangebote,

◆ Bewegende Hausaufgaben,
◆ Einbeziehung der Eltern und Geschwister in einen bewegteren Alltag.

Stundenbeispiele:

1. Springen, Fliegen, Fallen im Förderzentrum
   Hausaufgabe: Eine Schaukel in der Nähe des Wohnortes aufsuchen, ausprobieren und davon berichten

2. Die Abenteuer der Magier
   Hausaufgabe: schwere Arbeit zu Hause erledigen (z.B.: Wäschekorb aus dem Keller tragen o.ä.)

3. Alles rollt
   Hausaufgabe: Ausprobieren, was zu Hause rollt (z.B.: Inliner, Rollschuhe, Roller, Fahrrad, Skateboard...)

Über die Kinder zu den Eltern – und da ganz besonders!

Die Elternarbeit ist eine weitere Säule des Projekt M. Da die Eltern im wesentlichen das Kochen und Essen bestimmen, ist ihre Unterstützung und Mitwirkung unerlässlich. Neben einer eingehenden Ernährungsanamnese, erhält jede Familie deshalb eine individuelle Ernährungsberatung, um die Umstellung der familiären Essweise zu erleichtern. Dabei wird angestrebt, dass die gesamte Familie ihr Ernährungsverhalten überdenkt. Da es sich bei unserem Programm nicht um eine Diät, sondern um eine ausgewogene Mischkost handelt, tut eine Beachtung der Prinzipien jedem Familienmitglied gut. Auf diese Weise wird verhindert, dass das übergewichtige Kind stigmatisiert wird oder als Einziges, ein auf lange Sicht nicht durchzuhaltendes, familienuntypisches Verhalten annimmt.

In persönlichen Zwischengesprächen, auf der Basis von systemischer Familienberatung, werden mit den Eltern gemeinsam Fortschritte, Schwierigkeiten und Lösungsmöglichkeiten erörtert, um einen dauerhaften

„Alle bereit in der Wurfbude?"

117

Erfolg sicher zu stellen. Bei Bedarf können die Familien weitere Einzelberatungen in Anspruch nehmen.

Für die Eltern gibt es 4 Elternabende, bei denen über Inhalte und Verlauf der Kindergruppe informiert wird und Möglichkeiten erarbeitet werden, wie die Kinder im Alltag unterstützt werden können.

Ernährungsalltag:

Die Eltern erfahren, welche Faktoren bei der Entstehung von Übergewicht eine Rolle spielen und wie sie diese Faktoren beeinflussen und damit ihr Kind unterstützen können. Sie erfahren, was ihr Kind braucht, um fit und gesund zu sein und lernen die drei Regeln der optimierten Mischkost kennen. Sie bekommen Anregungen, welche Rolle Essen und Trinken für uns sonst noch spielen. Dabei unterstützen sie ihr Kind beim Erstellen des Ernährungsprotokolls und bei der Umsetzung seiner Essziele. Es gibt praktische Tipps bezüglich Einkauf, Kochen etc. und es werden Handlungsalternativen für das Essen außer Haus, bei Kindergeburtstagen, Festen usw. erarbeitet. Es werden Spielvorschläge mit gesundem Essen gemeinsam ausprobiert, wie z.B. einem Würfelspiel mit Obst, dem „Obst-Gewürfel".

Erziehungsalltag:

Eine gute Beziehung zwischen Eltern und Kindern ist die Voraussetzung für die angestrebten Veränderungen der Essgewohnheiten. Kommunikationsmuster und eingefahrene Verhaltensweisen sollen anhand von Erfahrungsaustausch und Rollenspielen deutlich werden. Grundbedürfnisse der Kinder, Geben und Empfangen von Feedback, positive Verstärker, Entwicklung von Coping – Strategien werden thematisiert. Der Schwerpunkt richtet sich nach den Bedürfnissen und Problemen der jeweiligen Gruppe, sowie den Erfahrungen aus dem konkreten Familienalltag.

Bewegungsalltag:

Bei einem bewegten Elternabend erleben die Eltern Psychomotorik am eigenen Leib. So führen sie sich gegenseitig mit verbundenen Augen durch die Erlebnishalle, spielen „fliegender Teppich" am Trampolin und versinken ebenso beeindruckt in der Schaumstoffgrube, wie ihre Kinder. Es werden die Lieblingsspiele der Kinder nachgespielt und die Wirkungsweise verschiedener Spiele erläutert.

Oft haben auch die Eltern keine besonders befriedigenden eigenen Bewegungserfahrungen gesammelt und es ist wichtig hier noch einmal neue Erlebnisse zu ermöglichen. Auf diesem Nährboden fällt es den Eltern im Alltag leichter, die eigene Bewegung und die ihrer Kinder freudvoll zu erleben. Mit den bewegten Hausaufgaben der munteren Magier (z.B. Schwimmbadbesuch, Fahrradtour, Drachen steigen lassen u.A.), bei denen Elternbeteiligung oftmals nötig ist, wird nun der Familienalltag sukzessive aktiver.

Kissenschlacht; Kinder gegen Eltern

„Stellen Sie sich vor" sagt die Mutter stolz, „ich habe auch schon ein paar Pfund abgenommen!" Oder: systemisch-familientherapeutische Ansätze

Wir glauben, dass ein Rezept unseres Erfolges im Projekt M, das hervorragend Ineinandergreifen von psychomotorischen und systemischen Anteilen ist.

Systemik und Psychomotorik arbeiten Hand in Hand.

Es gibt große Ähnlichkeiten der beiden Konzepte, bzw. Anteile des Einen sind im Anderen vertreten. In beiden Fällen verändert sich das Selbstbild der betreffenden Personen. Zum ersten wird es schärfer zum zweiten positiver und zum dritten geprägt von der Zuversicht es selber beeinflussen zu können. Die allgemeine Lebensfreude und Zuversicht nimmt zu und damit der Mut Dinge anders zu machen als bisher. Damit ist eine Zunahme der Handlungkompetenz zu verzeichnen, einem Hauptziel der Psychomotorik und auch der Systemik. Beide Ansätze haben ein Menschenbild, das von Respekt und Vertrauen in den Wunsch das Beste für sich und Mitmenschen zu tun geprägt ist – kurz: einem humanistischen Weltbild. Daraus ergeben sich auch Vorgehensweisen und Ansatzpunkte. Beide Ansätze sind ressourcenorientiert. Der Blick wird zunächst auf das gerichtet, was funktioniert, was Spaß macht, wo Erfolgserlebnisse möglich sind. Darauf basierend wird der Spielraum sukzessive erweitert und es werden Grenzbereiche der ursprünglichen Fähigkeiten bearbeitet.

Üblicherweise wird bei Abnehmkursen rein verhaltenstherapeutisch gearbeitet. Im Projekt M gibt es auch noch einige verhaltenstherapeutische Anteile. Diese geben Eltern und Kindern ein Sicherheitsgefühl und erste sehr konkrete Unterstützung zur Handlungsänderung. Im weiteren Verlauf werden systemisch – familientherapeutische Aspekte von zunehmender Bedeutung. Diese verhelfen den Familien zu einer selbstbestimmten und individuellen Umgehensweise mit dem Übergewicht. Im Ablösungsprozeß vom Projekt M, bei dem es wichtig ist, dass sich die Teilnehmer auf die eigene Kreativität und Wirksamkeit verlassen können, ist dies ein wichtiger Anteil.

Respekt und Wertschätzung

Über den persönlichen Kontakt der Kursleiter zu den Kindern, der von Interesse, Wertschätzung und Eingehen auf die individuellen Stärken, Bedürfnisse und Vorlieben der Einzelnen geprägt ist, gelingt es, eine Beziehung aufzubauen, die die Kinder wieder an ihre Fähigkeiten glauben lassen. So wird ein Zugang zur Psyche der Kinder eröffnet. Und zwar auf sehr kindgemäße Art und Weise, durch Erlebnisse auf der spielerischen, persönlichen, körperlichen und sinnlichen Ebene.

Diese „Streicheleinheiten für die Kinderseele" führen in der Regel dazu, dass die Kinder mehr Zutrauen zu ihrer Wertigkeit bekommen und den Mut entwickeln, etwas zu verändern. Und Streicheleinheiten sind oft schon bitter nötig, wenn die Kinder ins Projekt M kommen. Denn nicht selten werden sie bereits derart von Gleichaltrigen gehänselt und gemieden, dass sie kaum noch Freunde haben und sich nach Schulschluss nicht mehr vor die Wohnungstür trauen.

Erst auf der oben beschriebenen Grundlage ist es möglich, die Selbstheilungskräfte der Kinder zu aktivieren in dem Sinne, dass sie genügend Lebensfreude, eigenen Willen, Energie und Durchhaltevermögen entwickeln. Sie bekommen Lust und Zuversicht ihr Leben neu zu gestalten und Teilbereiche in die eigenen Hände zu nehmen. Dies gelingt jedoch nur mit Hilfe der Eltern. Daher nimmt die Elternarbeit im Projekt M auch einen breiten Raum ein.

Der Umgang mit den Eltern ist von der selben respektvollen und wertschätzenden Haltung gekennzeichnet. Diese Haltung eröffnet bei Erwachsenen gleichermaßen die Zuversicht für die eigenen Probleme handlungskompe-

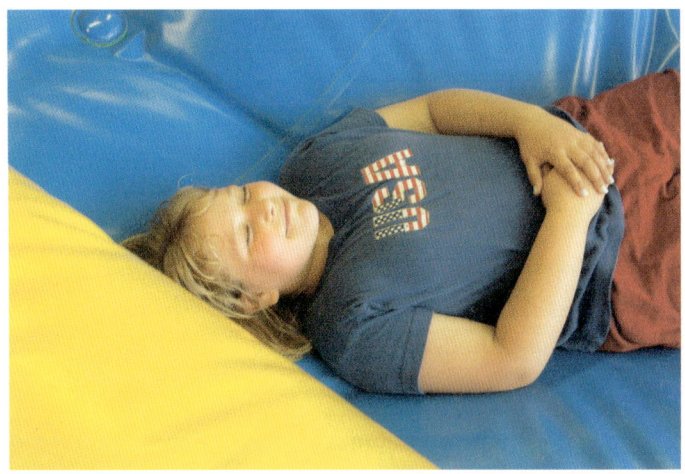

Vielfältige Entspannungsmöglichkeiten werden erprobt, wie hier, in der Hüpfburg

tent zu sein und die Zuversicht die Probleme auch erfolgreich lösen zu können.

Nicht, dass wir es direkt anstrebten, aber wenn die Eltern nach den ersten paar Stunden hinter vorgehaltener Hand sagen: „Stellen Sie sich vor, wir haben auch schon ein paar Pfund abgenommen", so zeigt uns diese Reaktion, dass die Familie gemeinsam in Bewegung gekommen ist.

Das hat ja gut geklappt, und nun?

Zur weiteren Unterstützung und zur Kontrolle eines langfristigen Erfolgs werden im Anschluss an die Intensivphase von 3 Monaten 3 Treffen im Abstand von 3, 6 und 12 Monaten durchgeführt.
Die Treffen erstrecken sich über 2 Unterrichtseinheiten Psychomotorik für die Kinder und 2 Unterrichtseinheiten Gesprächskreis für die Eltern. Bei jedem Treffen werden Körpergewicht und Größe der Kinder erfasst und die Eltern werden nach dem weiteren Erfolg der Maßnahme befragt.

Außerdem sollen die Kinder nach Möglichkeit in bereits bestehende Psychomotorik – Kurse oder andere Bewegungsangebote vor Ort eingegliedert werden.

Wo gibt's denn so was?

Das gesamte Projekt findet im Förderzentrum E. J. Kiphard in Bonn – Medinghoven statt. Es verfügt neben einer nach psychomotorischen Gesichtspunkten gestalteten Turn- und Erlebnishalle und einem Entspannungsraum auch über geeignete Seminarräume für die Kinder- und die Elterngruppe. Für Einzelberatungen gibt es einen Beratungsraum. Für das gemeinsame Kochen steht die Schulküche des selben Gebäudekomplexes zur Verfügung.

Stimmt das auch?

Die Evaluation erfolgt mittels folgender Kriterien:

✓ Gewichtskonstanz, (BMI)
✓ Ernährungsumstellung, Änderung von Koch- Einkaufs- und Verzehrsgewohnheiten (der Familie / des Kindes),
✓ Vermehrte Aktivität im Alltag,
✓ Verbesserung von Körperwahrnehmung und motorischer Leistungsfähigkeit,
✓ Verbesserung des körperlichen und seelischen Wohlbefindens.

Maßnahmen zur Überprüfung des Erfolgs:

✓ Erhebung anthropometrischer Werte durch die Ärztin
✓ Ernährungsprotokolle
✓ Beobachtungsprotokolle
✓ Fragebögen
✓ Interviews
✓ Wissenschaftliche Begleitung DSHS Köln

Die Kinder füllen die Abschlussfragebögen aus

Nützt es denn auch?

Nach mehreren Jahren Projekt M kann bereits auf eine sehr zufriedenstellende Erfolgsbilanz zurückgeblickt werden. In der Intensivphase gelingt es fast allen Kindern die Kursziele zu erreichen. Nach Abschluss des gesamten Jahres gibt es allerdings auch einige, die wieder in alte Verhaltensmuster zurückfallen. Wir arbeiten daher zur Zeit an einem Konzept für einen Aufbaukurs Projekt M, der den langfristigen Erfolg noch verbessert.

Konzept Projekt M:

Dr. Maria Ebert-Joisten, Diplom-Oecotrophologin
Birgit Hahnemann, Diplom-Sportlehrerin, Psychomotorik, systemische Familienberatung
Kristine Welter-Erll, Diplom-Oecotrophologin
Kontakt:
E-mail: birgit.hahnemann@psychomotorik-bonn.de
Internet: www.psychomotorik-bonn.de – hier auch Fortbildungen zum Thema

Literatur

Beins, H.J./Lensing-Conrady; R.: Psychomotorik im Vorwärtsgang. In: Praxis der Psychomotorik. 3/ 1999, S.189-192.

Beudels, W./Lensing-Conrady, R./Beins, H. J.: ...das ist für mich ein Kinderspiel. Handbuch zur psychomotorischen Praxis. Dortmund 2002

Müller, M.J.: Adipositas. In: Internist, 37, S. 101-108. 1996

Petermann, F.: Lehrbuch der Klinischen Kinderpsychologie und -psychotherapie. Göttingen, 2000

Pudel, V.: Die Mythen und die Fakten. In: Reich, G. & Cierpka, M. (Hrsg.) Psychotherapie der Eßstörungen. Stuttgart, 1997

Pudel, V.: Zur Psychogenese und Therapie der Adipositas. Berlin, 1982

Schlippe, A. v./Schweitzer, J.: Lehrbuch der systemischen Therapie und Beratung. Göttingen, 2000

Warschburger, Petermann, Fromme, Wojtalla: Adipositastraining mit Kindern und Jugendlichen. Weinheim, 1999

Beate Salz

Psychomotorik an der Hauptschule

Beate Salz

Psychomotorik an der Hauptschule

Psychomotorik an der Hauptschule?
Psychomotorik als Unterrichtsfach?
Wie passen die Prinzipien von Freiwilligkeit, Freude am eigenen Tun, Selbstentfaltung....in das Bild von Hauptschulunterricht?
Wie kann ich etwas gerecht benoten, was vom Ansatz her subjektiv ist und individuell erlebbar sein soll?

Dies sind nur einige der Fragen, die sich der Psychomotorikerin einerseits und der Lehrerin andererseits stellen. Auf den ersten Blick prallen hier Welten aufeinander, auf den zweiten Blick erkennt man ein ungeheures Potenzial, welches unter Vorurteilen und Althergebrachtem verborgen liegt.
Ein mögliches Modell, mit diesem Potenzial zu arbeiten, soll im Folgenden kurz vorgestellt werden: An der Gemeinschaftshauptschule Overath steht seit einigen Jahren „Psychomotorik" mit einer Wochenstunde auf dem Stundenplan der fünften Klassen. Inhalte und Zielsetzungen richten sich hier nach schulischen Belangen, sie sind „im Fluss" und werden ständig hinterfragt.
Parallel dazu arbeiten einige Kolleginnen und Kollegen nach psychomotorischen Grundsätzen indem sie unter Anderem versuchen, Inhalte erfahrbar zu machen und Unterricht individuell zu gestalten.
Zu den beiden Schwerpunkten „Psychomotorik als Unterrichtsfach" und „psychomotorische Ideen im Regelunterricht" sollen nun einige Praxisbeispiele gegeben werden.

Diese Praxisbeispiele sind als Anregungen zu verstehen, da die Praxis immer abhängig von den Räumlichkeiten, dem zur Verfügung stehenden Material, der Ausbildung und der persönlichen Einstellung des Unterrichtenden ist.

Psychomotorik als Unterrichtsfach

Im Laufe der Konzeptentwicklung haben sich hier mehrere Schwerpunkte herauskristallisiert, die im vorgegebenen zeitlichen Rahmen und mit Gruppen in normaler Klassenstärke durchführbar sind:

- Spielformen und Zeit für soziales Lernen
- Spielerisches Einüben von unterrichtsrelevanten Sozialformen (Partner-, Gruppenarbeit, Lernen an Stationen, Freiarbeit...)

- Entspannung im weitesten Sinn
- Spielformen zu Unterrichtsinhalten

Spielformen und Zeit für soziales Lernen

Soziales Lernen ist gerade an der Hauptschule ein sehr wichtiger Bereich, der zwar in der Regel Bestandteil der pädagogischen Arbeit ist, häufig aber ein „zwischen Tür und Angel Dasein" fristet, da einfach die Zeit oder auch das Handwerkszeug für zielgerichtetes Arbeiten fehlen. Die Psychomotorik bietet hier Raum und Zeit, Verhaltensweisen, die zum Beispiel über Klassenregeln besprochen und festgelegt werden auch einzuüben.

Einführung von Ritualen

Auch wenn die psychomotorischen Unterrichtsstunden sehr frei gestaltet werden und den Schülerinnen und Schülern viel Freiraum in jeglicher Hinsicht bieten sollen (das Miteinander üben!), sind bestimmte Regeln im Umgang unabdingbar.
Bewährt haben sich:

- Begrüßungskreis
- „Stilleminute" (siehe: Entspannung)
- Handzeichen oder akustische Zeichen zur Zusammenkunft (um Spielverläufe zu besprechen o. Ä.) – hier hat sich vor allem das „Zurückzählen" von 5 auf 0 bewährt, unterstützt durch entsprechende Handzeichen, da die Schülerinnen und Schüler so die Chance haben, sich auf das Kommende einzustellen und „runter zu fahren", also ihre Spannung zu regulieren
- Schlusskreis, in dem der Verlauf der Stunde kurz besprochen wird (weniger inhaltlich, als vielmehr unter der Fragestellung, wie das Miteinander funktioniert hat).

Spielformen mit dem Schwungtuch

Spielformen mit dem Schwungtuch sind sehr beliebt. Sie haben dazu den Vorteil, dass automatisch die ganze Gruppe einbezogen ist. Alle haben eine Blickrichtung (zum Mittelpunkt) und die Kommunikation untereinander ist dadurch vereinfacht.

- einfaches Schwingen im Gleichtakt! Dies ist gar nicht so einfach, aber die Schüler finden nach einer Weile selbst heraus, dass und wie man aufeinander eingehen muss, damit das Spiel funktioniert (Sprache, einer gibt Ton an, gemeinsames Zählen...).

- Schwingen im Rhythmus mit Loslassen auf ein gemeinsames Zeichen hin, so dass das Tuch zur Decke fliegt

– „Alphabet-Schwingen": Hier werden nacheinander die Buchstaben des Alphabets laut genannt, zu jedem Buchstaben wird das Tuch drei Mal (oder bei Bedarf auch häufiger) geschwungen. Während dieser Zeit haben die Kinder, deren Name mit dem entsprechenden Buchstaben beginnt, die Möglichkeit, sich unter das Tuch zu legen und den „Wind" zu genießen.

– „Sherlock Holmes" verlässt den Raum, währenddessen legen sich mehrere Kinder unter das Tuch. Der Detektiv muss dann möglichst schnell herausfinden, welche Kinder in der Runde fehlen.

– „Wer kennt wen?"

Die Hälfte der Gruppe verlässt den Raum, die andere Hälfte legt sich unter das Tuch. Die erste Gruppe kommt wieder herein und erfühlt durch Tasten, wer sich wo unter dem Tuch befindet. Glaubt man jemanden erkannt zu haben, ruft man dessen Namen. Ist er richtig, kommt derjenige hervor, andernfalls erfolgt keine Reaktion und das Raten geht weiter.

– Ballwandern: Hier kommt es auf eine gute Abstimmung der Schüler an, der Ball soll möglichst zügig von Nachbar zu Nachbar kreisförmig wandern.

Dieses Spiel kann zu Beginn des Schuljahres als Kennenlernspiel eingesetzt werden, indem jeder Schüler, der den Ball abgibt, laut den Namen des nächsten Schülers oder der nächsten Schülerin ruft.

Freies Spiel

Das freie Spiel und das Ausprobieren unbekannter oder ungewohnter Materialien bieten große Möglichkeiten sozialen Lernens.

Zu Beginn bedeutet „Freies Spiel" allerdings, dass man sich auf Grundregeln einigt, wie jeder Einzelne zu seinem Recht kommt, ohne den Anderen zu schaden. „Schaden" ist hier auch im wörtlichen Sinn zu verstehen, da der unsachgemäße Gebrauch der Materialien zu verletzungsträchtigen Spielsituationen führen kann oder auch, weil einige Schülerinnen und Schüler noch das „Faustrecht" vorziehen. In der Psychomotorik bietet sich der Raum, diese Realitäten des Umgangs anzunehmen, sich mit den möglichen oder

erlebten Folgen auseinander zu setzen und „neue" Umgangsformen einzuüben.

Da sich das freie Spiel naturgemäß frei entfaltet, können hier keine Spiele
dargestellt werden. Statt dessen ein paar Gedanken zu möglichen Aus-
gangssituationen:

Für die Vorbereitung auf das Stationenlernen hat es sich als sinnvoll erwiesen, die gewählten Materialien im freien Spiel einzuführen, so dass sich die
Experimentierphase nicht störend auf die eigentliche Zielsetzung auswirkt.
Hierbei genügt es, auf mögliche Gefahren z.B. beim Balancieren auf den
Teppichrollen oder im Umgang mit dem Varussell hinzuweisen. Eine „Mate-
rialregel" zum pfleglichen Umgang mit den Materialien kann an dieser Stelle
die sozialen Regeln ergänzen.

Zu Beginn dieser Unterrichtsform bietet es sich an, wenig Material für die
ganze Gruppe oder verschiedene Materialien an Kleingruppen auszuge-
ben. Als „Arbeitsanweisung" reicht in der Regel ein schlichtes „Probiert aus...".
Bei der Kleingruppenarbeit wird zusätzliche der Hinweis auf die Möglichkeit
des Austauschs mit anderen Gruppen gegeben. Dies eröffnet eine in mehr-
facher Hinsicht bewegte Stunde.

Später können die Materialauswahl und die Art der Zusammenarbeit im
Begrüßungskreis mit den Schülerinnen und Schülern abgesprochen bzw.
die Absprache in deren Hand gelegt werden. Dies kann auch so aussehen,
dass der Materialschrank geöffnet wird und die Schülerinnen und Schüler
sich komplett selbst organisieren. In solchen Stunden hat man als Lehrer/in
viel Zeit und Raum für Beobachtungen, Gespräche oder auch zur gleichbe-
rechtigten Teilnahme am Spiel.

Wichtig ist im freien Spiel die Bereitschaft der Lehrerin/ des Lehrers, sich
selbst zurückzunehmen und den Schülerinnen und Schülern zu vertrauen.
Auch muss man lernen, vermeintlich chaotische Phasen zu tolerieren, sie
gehören zum „Neuordnen" dazu.

Diese Entwicklungen oder auch die Probleme, die die Schülerinnen und
Schüler in solchen Stunden erleben(!), werden in der Regel im Schlusskreis
besprochen. Es ist immer wieder erstaunlich, welche Schlüsse sie selbst
aus den Ereignissen der Stunde ziehen. Sie reflektieren und bewerten die
eigenen Handlungen sehr pointiert und sind in der Lage, überlegte und
zielgerichtete Folgerungen für ihr weiteres Vorgehen abzuleiten.

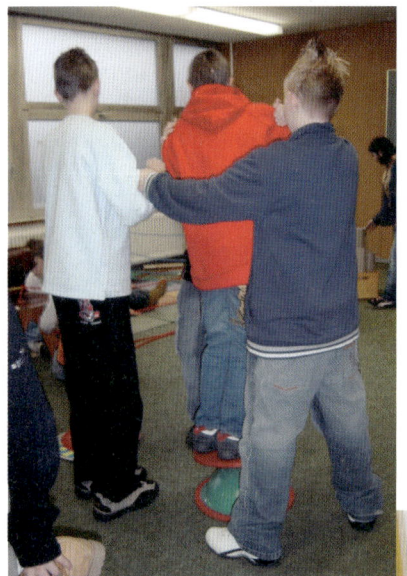

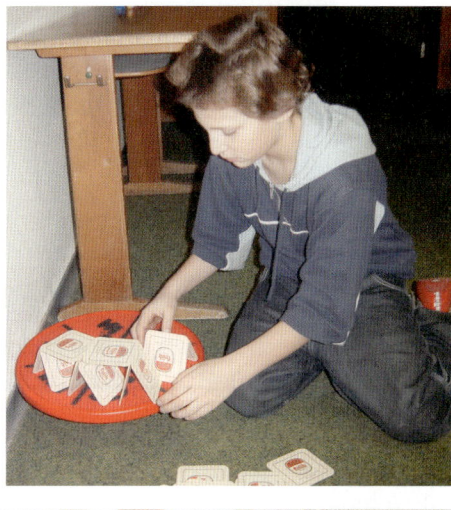

Spielerisches Einüben von unterrichtsrelevanten Sozialformen

Unsere Schülerinnen und Schüler tun sich häufig schwer mit Sozialformen, die vom Lehrer nicht direkt „überwacht" werden. Sie schweifen ab, stören, sind nicht bei der Sache, kommen zu keinem Ergebnis oder sind schlichtweg überfordert mit der Eigenorganisation, die viele Selbstlernformen mit sich bringen.

Im oben beschriebenen freien Spiel lernen sie genau das. Sie erkennen, dass man Regeln aufstellen und einhalten, Ideen entwickeln, Absprachen treffen, nachdenken und sich mit einer Sache auseinandersetzen muss, wenn man zu befriedigenden Ergebnissen kommen will.

Zum spielerischen Einüben von Sozialformen werden im Folgenden Beispiele und grundsätzliche Überlegungen zum Lernen an Stationen dargestellt. Daraus lassen sich Ideen für andere Formen leicht ableiten.

Zunächst geht es darum, die rein organisatorischen Aspekte wie z.B. die Zusammensetzung der Gruppen, das Auf- und Abbauen der Stationen, den geregelten Wechsel von Station zu Station, später auch das Erlesen der Arbeitsanweisungen etc. einzuüben.
Sobald dies automatisch abläuft, können inhaltliche Aspekte einbezogen werden.

Dies soll am Beispiel einer Unterrichtsreihe dargestellt werden.
Diese Reihe kann im Grunde in jedem Klassenraum durchgeführt werden, dann sollte jedoch das Umräumen des Klassenraumes geübt und nach festen Regeln durchgeführt werden.
Angenehmer ist in jedem Fall ein leerer Raum, in dem lediglich ein Schrank für die Materialien steht.

1.u. 2. Std.: Einführung der Materialien (z.B. Tücher, Papprollen, Seilchen, Varussell.... Geschicklichkeitsspiele, Gesellschaftsspiele wie Mikado, Wortfix) über freies Spiel (s.o.)

3. Std.: Abhängig von Klassenstärke und Raumgröße werden 5 oder 6 Gruppen mit je 4-6 Kinder gebildet. Auch das ist ein Lernprozess! Die Gruppenfindung sollte in die Hand der Klasse gelegt und auftretende Probleme („mit dem/der will ich aber nicht...“..) im Klassenverband besprochen werden.
Jede Gruppe wählt ein Material, geht damit an einen vorgegebenen Platz und hat bis ca. 10 Minuten vor Ende der Stunde Zeit, damit zu spielen. Sie erhalten lediglich die Vorgabe, dass alle Gruppenmitglieder am Spiel zu beteiligen sind.
In den verbleibenden 10 Minuten stellt jede Gruppe kurz das eigene Tun vor.
Dies geschieht unter der Fragestellung: Was wurde gemacht? Wie hat man sich geeinigt? Wurden Regeln aufgestellt? Wo gab es Schwierigkeiten? Wie hat man diese gelöst?

4. Std.: Die Gruppen gehen mit dem Material der Vorstunde an den angestammten Platz, bauen auf und kommen im Kreis wieder zusammen. („Zurückzählen“ – s.o.).
Die Gruppen beginnen an der jeweils nächsten Station (im Uhrzeigersinn weitergehen), haben dort je nach verbliebener

Zeit und Anzahl der Gruppen 5-10 Minuten Zeit, die nun neuen Stationen auszuprobieren.

Hauptaugenmerk liegt hier auf dem reibungslosen Wechsel: Nach der vereinbarten Zeit erfolgt ein Signal (Pfiff, Glocke, Ruf...), auf das die Gruppe die gerade benutzte Station aufräumt und zur nächsten wechselt.

Zum Abschluss räumt jede Gruppe die zuletzt benutzte Station auf. Anschließend tauschen sich die Gruppen über Besonderheiten aus („Wir haben was Tolles erfunden.."/ „Station X war nicht aufgeräumt, als wir dahin kamen..." / „der Wechsel hat nicht geklappt...".)...).

5. Std.: Start, Aufbau und Ablauf s.o.

Im Begrüßungskreis kann man noch einmal auf besonders gelungene Spielformen der letzten Stunde hinweisen und weitere Spielregeln thematisieren. So ist es zum Beispiel bei den Gesellschaftsspielen wichtig, dass man sich vorher einigt, nach welchen Regeln gespielt wird oder ob man das Material völlig anders nutzt und eigene Regeln findet.

Der Fokus liegt darauf, Absprachen zu treffen, Regeln einzuhalten und kreativ zu spielen

6. Std.: Aufbau und Ablauf s.o.

Je nach Verlauf der letzten Stunde und Interesse der Schülerinnen und Schüler kann diese Stunde ganz dem Spiel im vorgegebenen Rahmen dienen oder man tauscht in Absprache mit den Gruppen einzelne Stationen aus. Hier kann dann auch die Materialerprobung im Rahmen einer neuen Station erfolgen.

7. Std.: Aufbau und Ablauf bleiben im Prinzip gleich, es werden jedoch zusätzliche Stationen aufgebaut. Je nach Disziplin der Gruppe kann nun die Zeitstruktur und damit der vorgegebene Wechsel gelockert werden. Nach Erfüllung der Aufgabe an einer Station können die Gruppen zu freien Stationen wechseln oder mit anderen Gruppen tauschen.

Weitere Stunden können dann der Einführung eines Stundenprotokolls (pro Schüler/Schülerin oder pro Gruppe wird dokumentiert, was bearbeitet wurde) und/oder inhaltlichen Schwerpunkten gewidmet werden.

Neben den reinen Spielstationen können nun z.B. Aufgaben zur Rechtschreibung, Vokabelübungen, Rechenspiele, Denksportaufgaben oder Konzentrationsübungen einbezogen werden. Ist diese Phase erreicht, sollten einige Stunden des gemeinsamen Tuns in der großen Gruppe eingeschoben werden.

Stunden, in denen Stationen aufgebaut werden, sollten dann immer wieder auftauchen, um die Selbstverständlichkeit des Ablaufs zu festigen.

Entspannung im weitesten Sinn

Stilleminute

Auf ein zuvor vereinbartes Zeichen (Stimme, Geste, Blick zur Uhr....) werden alle ruhig und sitzen möglichst bewegungslos auf ihrem Platz. Es hat sich als sinnvoll erwiesen, zu Beginn der Stilleminute mit ruhiger, leiser Stimme folgende Anweisung zu geben: „Setz dich bequem und schließe die Augen oder suche mit den Augen einen Punkt, den du dir in dieser Minute anschauen möchtest."

In der Einführungsphase dauert die Stilleminute auch schon einmal 20 Minuten, da sie bei Unterbrechung immer wieder neu begonnen wird und u.U. bewegte Phasen zum „Runterfahren" notwendig sind. Auch ist es für einige Kinder erst nach langer Übung möglich, sich wirklich zu entspannen und in dieser Minute Kraft zu tanken. Die Erfahrung zeigt jedoch, dass sich die anfängliche Mühe lohnt und die Schülerinnen und Schüler nach einiger Zeit selbst nach dieser Erholung verlangen. Sie schaffen es auch immer besser, sich dann ganz auf sich selbst zu konzentrieren und Störfaktoren auszublenden.

Genau das wünschen wir uns doch für unsere Schülerinnen und Schüler z.B. zu Beginn einer Klassenarbeit.

Phantasiereisen

Phantasiereisen können hier eingeführt werden. Es sei auf die einschlägige, im Anhang aufgeführte Literatur verwiesen.

Spielerische Massage

Der Einsatz der spielerischen Massage erfordert Fingerspitzengefühl der Lehrperson, denn Fünftklässler mögen sich in der Regel nicht gern anfassen.

Die Einführung über Rückenschreiben, Rückenmalen oder Pizzabacken hat sich jedoch bewährt und kann auch im Regelunterricht als Auflockerung genutzt werden.

Rückenschreiben kann man als Partnerübung oder als „Stille Post" mit der ganzen Gruppe praktizieren.

Wichtig ist der Hinweis, die Buchstaben einzeln, langsam und groß mit einem Finger auf den Rücken des Partners zu schreiben. Vielleicht beginnt man mit einfachen geometrischen Figuren und geht dann zu kurzen Wörtern über. Der Empfänger oder die Empfängerin kann das Bild oder das Wort anschließend sagen oder aufzeichnen bzw. schreiben. „Masterübung" ist dann eine Botschaft, die als stille Post über die Rücken aller MitspielerInnen läuft und vom Letzten aufgeschrieben oder laut verkündet wird.

Rückenmalen kann durch ruhige Musik begleitet werden. Ein Partner liegt auf dem Bauch, der andere malt nach einer Geschichte, die erzählt wird, ein dazu passendes Bild auf den Rücken des Liegenden.
Hier eignen sich einfache Bildbeschreibungen (Fluss, Boot, Wolken, Sonne, Berge, Bäume....), da die „Zeichnungen" nur Mittel zum Zweck sind und nicht durch zu hohe Komplexität vom eigentlichen Sinn des taktilen Kontaktes ablenken sollen.

Pizzabacken hat schon viele Elemente der „richtigen" Massage. Hier wird der Rücken des Partners mit beiden Händen nach bildhaften Vorgaben (Teig kneten, Teig ausrollen, Pizza belegen...) kräftig bearbeitet.
Wichtig ist der Hinweis auf empfindliche Stellen wie Wirbelsäule oder Schulterblätter und auf Reaktionen des Massierten. Zuckt er zusammen, liegt er verkrampft da oder genießt er die Massage?

Führen und Folgen

Bei dieser Partneraufgabe führt der eine den anderen mit verbundenen Augen durch den Raum. Dies bedarf einer gründlichen Vorbereitung, da sich hier der Geführte voll und ganz auf den Anderen verlassen muss. Es hat sich aber in der Praxis als sehr wertvoll erwiesen, weil die meisten Kinder genau diese Erfahrung genossen haben und sehr gelöst und bereichert aus diesen Stunden gegangen sind.
Die Partner sollten sich schon in anderen Stunden (z.B. Massage) kennen gelernt haben, sodass „blindes Vertrauen" aufgebaut werden konnte. Nach Versuchen im geschlossenen Raum (evtl. bei ruhiger Musik) ist es spannend, die Türen zu öffnen und die Flure der Schule mit einzubeziehen.

Weitere Anreize können durch das Gestalten verschiedener Parcours, die durchlaufen werden müssen, oder durch den Gang nach draußen geschaffen werden.

Spielformen zu Unterrichtsinhalten

Fangspiele zu beliebigen Themen

Grundlage ist immer das einfache Fangspiel: ein Fänger versucht einen Mitspieler abzutreffen, der Mitspieler kann sich durch vorher bestimmte Aktionen „immunisieren" und kann dann nicht gefangen werden. Wird er jedoch gefangen, ist er der neue Fänger und der Spielverlauf startet neu:

Alphabetfangen: Durch das laute Nennen des Buchstaben, der „dran" ist (erster: a, zweiter b...) ist man „immun" gegen das Gefangenwerden. Erschweren kann man das Spiel, indem man das Alphabet rückwärts aufsagen lässt.

Wer abgeschlagen ist oder den falschen Buchstaben nennt ist neuer Fänger.

Mathereihenfangen: Hier findet die „Immunisierung" durch das Aufsagen vorher bestimmter Zahlenreihen aus dem kleinen oder großen 1x1 statt.

Adjektive/Nomen/Verben-fangen : Die „Immunisierung" wird durch das laute Rufen von Worten aus einer vorher festgelegten Wortartgruppe erreicht. Wiederholungen sind nicht erlaubt!

Diese Spielreihe lässt sich beliebig erweitern und aktuellen Unterrichtsinhalten anpassen (Stadt/Land/Fluss-fangen, Tier/Pflanzen-fangen, nur Säugetiere, Hauptstädte der Bundesländer, Wortfelder, Vokabeln....). Durch Einschränkungen oder Erweiterungen der zugelassenen Wörter wird das Spiel erschwert oder erleichtert.

Rhythmus- und Koordinationsspiele

Beispiel: Für den *Englisch*unterricht sollen die Vokabeln zum Themenbereich „Körper, Körperteile" gelernt werden:
Die Gruppe sitzt im Kreis, die Beine sind ausgestreckt.
Nach dem rhythmischen Muster „da dà – da dà – da dààà da" spricht die Gruppe im Chor „my feet – my knees – my shoulders" und berührt mit beiden Händen die entsprechenden Körperteile. Langsam anfangen, immer schneller werden, plötzlich aufhören.
Körperteile variieren, Rhythmus anpassen, ausprobieren!

Laufspiele

Beispiel: *Fachbegriffe Mathematik* (Grundrechenarten)
In den vier Ecken eines möglichst freien Raumes werden Zettel mit den Worten „Multiplikation", „Division", „Addition", und „Subtraktion" an die Wand geheftet.
Die Gruppe trifft sich in der Mitte des Raumes, die Lehrerin (später ein Schüler) ruft einen Begriff aus den vier Rechenarten („plus", „Dividend",

„Multiplikator"...) und die Gruppe läuft schnell zu der dazu passenden Rechenart.

Ist das Prinzip verstanden, kann man das Ganze verbal untermauern, indem man den genannten Begriff und die dazugehörende Regel laut aufsagen lässt.

Beispiel: Gerufen wird „mal", die Klasse läuft zum Schild „Multiplikation" und ruft ihrerseits laut : „mal" – „Multiplikation" oder „mal" – „Faktor mal Faktor gleich Produkt".

Psychomotorische Ideen im Regelunterricht

In den Regelunterricht kann die Psychomotorik vor allem in Form einer Haltung dem Kind und der Gruppe gegenüber einfließen. Wenn das Kind und seine Entwicklung hinter den zu vermittelnden Inhalten und angeblichen schulischen Zwängen zurücktreten müssen, werden auch zukünftige *Pisa*-Studien starke Defizite zu bescheinigen haben.

Nehmen wir aber das Kind in seinen Bedürfnissen ernst und arbeiten mit ihm zusammen, so können wir über den Weg der Persönlichkeitsentwicklung auch das Lernen effektiver gestalten, da Barrieren und Ängste abgebaut werden, die vor allem an der Hauptschule den Schulerfolg beeinträchtigen.

In der Praxis fließt die Psychomotorik zur Auflockerung, als Entspannungsphase oder in Form von spielerischem bzw. bewegtem Umgang mit Inhalten in den Unterricht ein.

Entspannen und Abschalten

Wie Menschen sich entspannen, ist in hohem Maße individuell. Entspannen und Abschalten können sehr ruhig oder sehr bewegt ablaufen. In beiden Fällen geht es darum, dass sich die Schülerinnen und Schüler auf eine Sache konzentrieren und sie mit Freude tun.

Stilleminute

Aus der Psychomotorik-Stunde kennen die Schülerinnen und Schüler die Stilleminute, so dass dieses Ritual bei Bedarf schnell abrufbar ist. Eine Einsatzmöglichkeit bietet sich z.B. vor Klassenarbeiten an. Hier kann die Minute auch länger werden und nach einer kurzen Ruhephase für Erläuterungen zur Arbeit genutzt werden.

In Klassen, die das Ritual wirklich verinnerlicht haben, kann das größte Chaos durch einen kurzen Hinweis auf die Uhr und den Start der Stilleminute in Sekundenschnelle aufgelöst werden.

Fingerspiele mit dem Stift

Fingerspiele in der Klasse 5? Ja, denn kleine Geschicklichkeitsspiele mit einem Stift fordern heraus und fördern sowohl die Konzentration als auch die Feinmotorik.

- Stift in einer Hand hoch halten, fallen lassen, mit der anderen Hand auffangen, ggf. als Partneraufgabe
- Stift schnell von einer Hand in die andere werfen, dabei vielleicht gemeinsam ein Gedicht aufsagen, ein Lied singen, Vokabeln abfragen, Kopfrechenaufgaben lösen.....
- Stift in einer Hand durch die Finger wandern lassen, Handwechsel
- Ausprobieren und die Schülerinnen und Schüler nach weiteren Ideen fragen.....

Phantasiereisen

Phantasiereisen sind gut geeignet als Einstimmung auf ein Thema oder als Wiederholung. Dies gilt vor allem für „fassbare" Inhalte wie in Biologie (eine Reise durch den Körper, ein Spaziergang durch den Wald, ein Tier beobachten...) oder Erdkunde (einen Fluss entlang fahren und verschiedene Städte und Länder besuchen, einen Flug durch verschiedene Wetter- und Klimazonen machen...).

Klassenraumexperimente
Über Tisch und Bänke...
Warum den Raum nicht mal zweckentfremden?

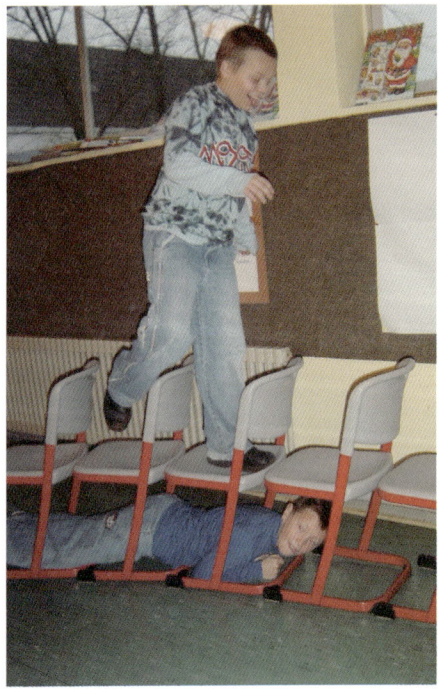

Bewegte Inhalte

Oft werden Inhalte verstanden und sind dann aber doch nicht abrufbar, weil der Umgang mit ihnen nicht genügend geübt wird. Üben wird oft als langweilig empfunden.

Folgende drei Beispiele zeigen, wie man ohne Aufwand und – fast – ohne zusätzliche Materialien bewegte Übungsformen in den Unterricht einbinden kann.

Mathe: Auf- und Abrunden

Nachdem das Prinzip des Auf- und Abrundens von Zahlen eingeführt ist, kann man Zahlen nennen oder an die Tafel schreiben. Die Schülerinnen und Schüler entscheiden jeweils schnell, ob auf – oder abgerundet wird und steigen entsprechend auf den Tisch/Stuhl (aufrunden) oder gehen in die Hocke unter den Tisch (abrunden). So ist die ganze Klasse bei jeder Aufgabe beteiligt, wer falsch liegt, bekommt sofort eine Rückmeldung ohne unangenehm aufzufallen.

Eine/r nennt dann nach Aufforderung die richtige Lösung.

Mit Hilfe einer Stellenwerttabelle an der Tafel kann man auch eine große Zahl bearbeiten und das Auf- und Abrunden auf unterschiedliche Stellen üben.

Hierzu heißt die Aufgabe dann, auf Zehner, Tausender, Hunderttausender.... auf- bzw. abzurunden. Begleitet werden kann die verbale Anweisung durch Zeigen auf die entsprechende Stelle in der Tabelle.

Deutsch/Englisch: Zeitformen der Verben

Die Schülerinnen und Schüler stehen so, dass sie je einen Schritt vorwärts bzw. rückwärts gehen können. Die Lehrerin nennt ein Verb in der Gegenwartsform, die Schülerinnen und Schüler bleiben stehen bzw. machen einen kleinen Hüpfer auf der Stelle. Wird die Vergangenheitsform genannt, gehen sie einen Schritt zurück, für die Zukunftsform einen Schritt vor. Nimmt man das Plusquamperfekt dazu, geht es zwei Schritte zurück. Tempo variieren!

Erdkunde: „Hauptstadtwerfen"

Diese Spielform kann man im Stuhlkreis aber auch bei normaler Sitzord-
nung spielen. Man benötigt einen weichen Ball (kleiner Softball, großer Was-
serball...). Die erste Spielerin nennt ein Land und wirft den Ball einem belie-
bigen Mitschüler zu, dieser muss die dazugehörende Hauptstadt nennen.
Ist die Antwort richtig, nennt er das nächste Land und gibt den Ball weiter,
ist die Antwort falsch, geht der Ball an einen Schüler weiter, der sich für die
richtige Antwort meldet.

Zum Schluss

möchte ich Ihnen Mut machen, einfach auszuprobieren, bekannte Pfade zu verlassen und manchmal auch den Lehrplan Lehrplan sein zu lassen. Oft kommt man über Umwege schneller ans Ziel als über Autobahnen mit Staus. Viel Spaß dabei!

Literatur

Didaktik/Methodik

Bauer, R.: Schülergerechtes Arbeiten in der Sek. I: Lernen an Stationen. Berlin 1997

Peschel, F.: Offener Unterricht Teil I und II. Baltmannsweiler 2003

Van der Gieth, H.-J.: Lernzirkel – Die neue Form des Unterrichts. Kempen 2001

Anregungen zur Unterrichtsgestaltung

Ferrari, R.: Wörter haben bunte Flügel. Freiburg i.B. 1998

Heil, G.: Mathe lebt. Lichtenau 2003

Köckenberger, H.: Bewegtes Lernen. Dortmund 1997

Nienkerke-Springer,A./Beudels, W.: Komm, wir spielen Sprache. Dortmund 2001

Wunderlich, G.: 1x1 mit allen Sinnen. Lichtenau 2000

Ideen für Zwischendurch oder für Stunden „mal ganz anders"

Ballinger, E.: Lerngymnastik 1u. 2. Wien 1995

Beudels, W./Lensing-Conrady, R./Beins, H.-J.: ...das ist für mich ein Kinderspiel. Dortmund 1994

Beudels, W./Anders, W.: Wo rohe Kräfte sinnvoll walten. Dortmund 2001

Booth, R.: Ich spanne meine Muskeln an, damit ich mich entspannen kann. München 1997

Buchner, C.: Stillsein ist lernbar. Freiburg i.B. 1995

Krowatschek, D.: 177 x Spaß im Unterricht. Dortmund 2000

Krowatschek, D.: Entspannung in der Schule. Dortmund 1999

Pirnay, L.: Kindgemäße Entspannung. Belgien 1993

Stehn, H.: Hilfe für das schreibauffällige Kind. Brodersdorf 2001

Weinberg, E.: Autogenes Training für Kinder. Heidelberg 1989

Wolfgang Beudels

Kinder lernen in und durch Bewegung

Wolfgang Beudels

Kinder lernen in und durch Bewegung

Theoretische Hintergründe und praktische Konsequenzen

Einleitung

Die Heftigkeit und Breite, mit der seit einigen Jahren auf die Bedeutung von Bewegung, Spiel und Sport für eine gesunde und ganzheitliche Entwicklung von Kindern hingewiesen wird, nimmt zu. Aus pädagogischer, sonderpäd-agogischer, gesundheitswissenschaftlich-medizinischer Sicht wird darauf hingewiesen,

- wie wichtig Bewegung für die kindgemäße Entwicklung ist und wie wenig sich heutige Kinder bewegen (können),
- wie bedauernswert der gesundheitliche und körperliche Zustand der her-anwachsenden Generation ist und wie wenig sich trotz groß angelegter Kampagnen, Ernährungs- und Sportprogramme bislang an diesem Zu-stand geändert hat und
- wie gering die Lernleistung deutscher Kinder im Vergleich zu Kindern in den Ländern sind, in denen weit mehr als hier spielerisch, selbst be-stimmt und mit Bewegung gelernt und unterrichtet wird.

Wenn auch je nach unterschiedlichen Vorstellungen, theoretischen Ansät-zen und Konzepten verschiedene Zielsetzungen auszumachen sind, herrscht doch Einigkeit zumindest hinsichtlich der grundlegenden Forderungen nach mehr Bewegung, Spiel und Sport bzw. psychomotorischen Angeboten in-nerhalb und außerhalb von Kindergarten und Schule. Selbst Politiker haben nicht nur wesentliche Zusammenhänge erkannt, sondern signalisieren so-gar Handlungsbedarf, wie folgende Beispiele aus dem Ankündigungsheft zum Osnabrücker Kongress „Bewegte Kindheit" aus dem Jahr 2006 ver-deutlichen.

Christian Wulff:
„Kinder brauchen Bewegung ... Kindliche Bewegungsräume sollten sowohl motorische und geistige als auch koordinative Fähigkeiten anregen, denn sie bilden eine lebensnotwendige Einheit."

Renate Schmidt:
„Immer mehr Kinder in Deutschland neigen zu Übergewicht, zeigen Koordi-nationsstörungen oder leiden an Aufmerksamkeitsdefiziten ... Schon in den ersten Lebensjahren bewegen sich viele zu wenig oder nicht richtig."

Renate Künast:

„Kinder haben das natürliche Bedürfnis, sich zu bewegen. Durch tägliches Spielen, Toben und Sporttreiben entwickeln Kinder nicht nur ihre motorischen Fähigkeiten, sie bleiben außerdem fit und es fällt ihnen leichter, sich auf den Schulalltag zu konzentrieren. Doch oftmals bietet ein wenig kindgerechtes Umfeld ihnen kaum Gelegenheit dazu, diesem Bedürfnis nachzugehen. Dies hat zur Folge, dass motorische Leistungsfähigkeit der Kinder und Jugendlichen in den vergangenen Jahrzehnten nachgelassen hat. Mangelnde Bewegung und unausgewogene Ernährung sind ursächlich für die Entstehung von Übergewicht bei Kindern. Damit es nicht soweit kommt, muss die Bewegung wieder ein zentraler Bestandteil des alltäglichen Lebens der Kinder werden."

Aktuelle Konzepte und Ansätze, in denen entsprechende Forderungen ihren Niederschlag finden, siedeln sich v.a. im Bildungssystem an. Zu nennen sind hier u.a. die „Bewegte Schule", der „Bewegte Kindergarten", der „Sport- und Bewegungskindergarten" und der „Psychomotorische Kindergarten".

In einer nicht mehr überschaubaren Anzahl von Publikationen, gedruckt oder im Internet, finden sich z.T. umfangreiche theoretische Erörterungen und wissenschaftliche Befunde über die Zusammenhänge von Entwicklung/ Bildung/Lernen auf der einen und Bewegung/Spiel/Sport auf der anderen Seite. Auf Fachtagungen und Kongressen werden diese Themen diskutiert und Beispiele der praktischen Umsetzung vorgestellt. Trotz der Tatsache, dass in Bildungsplänen und Rahmenrichtlinien sowie in Schulprogrammen die grundlegenden Erkenntnisse in Reformen und Veränderungen allmählich ihren Niederschlag finden, scheinen in der (Bildungs-)Realität noch große Unzulänglichkeiten zu bestehen.

Im Rahmen eines solchen Beitrags kann die aktuelle Diskussion und Lage nicht in all ihren Facetten ausgeleuchtet werden. Auch geht es nicht darum, Lerntheorien und Begriffe von Lernen und Entwicklung zu erörtern, ebenso wenig wie es möglich ist, sich in der vollen Bandbreite theoretisch und philosophisch mit den Begriffen „Bewegung" bzw. „Bewegen" auseinanderzusetzen. Das Thema soll vielmehr über eine Einteilung in drei Bereiche systematisiert werden. Jeder Bereich stellt eine bestimmte Perspektive dar, unter der Zusammenhänge zwischen Bewegung und Lernen erörtert werden und in der jeweils spezifische Argumentationslinien eine Rolle spielen. Dies folgt im Wesentlichen der Kategorisierung nach Dannenmann (1997), der das Thema im Hinblick auf den „Bewegungsraum Schule" erörtert. Hier werden jedoch „vorschulisches" und „außerschulisches Lernen und Bewegen" mit einbezogen. Die separate Darstellung darf dabei nicht über vielfältige Überschneidungen hinwegtäuschen.

1. Bewegung als Mittel der (körperlichen) Gesunderhaltung

Hier wird thematisiert, was Kinder in eher funktionaler Hinsicht von und über Bewegung lernen können. Ausgangspunkt der Überlegungen bildet die anscheinend schlechte körperliche Verfassung heutiger Kinder und Jugendlicher und deren zukünftigen Folgen. Bewegung wird aus diesem Blickwinkel v.a. als ein Faktor der Gesunderhaltung bzw. -wiederherstellung gesehen.

2. Bewegung als „Motor" der Entwicklung und Medium des Lernens

Hier werden mögliche Transferwirkungen von Bewegung, Spiel und evtl. auch Sport auf Entwicklung und Lernen in den Blick genommen. Bewegung wird in dieser Hinsicht v.a. unter medialen Aspekten betrachtet.

3. Bewegung als Lerngegenstand

Bewegung, Spiel und Sport sind nicht nur Medien der Entwicklung und des Lernen, sondern im Kindergarten wie in der Schule selbst Gegenstände des Lernens. Dahinter steckt u.a. die Vorstellung, dass dies zu einer ganzheitlichen Bildung dazu gehört. Damit ist nicht nur das Ziel „lebenslanges Sporttreiben" verbunden, sondern auch Vermittlung der Fähigkeit selbstverantwortlich am „System Sport" teilzunehmen und dieses (mit) zu gestalten.

Lernen von und über Bewegung

Problemhintergrund

Die Analyse des Gesundheitszustandes heutiger Kinder ergibt ein zweischneidiges Bild: Nach Hurrelmann (2003) sind unsere Kinder gesünder denn je. Akute Infektionskrankheiten konnten Dank moderner Medizin fast völlig zurückgedrängt werden und aufgrund guter Diagnose, Behandlung und Nachsorge sind chronische Erkrankungen bei Kindern eher selten geworden. Dies ist jedoch nur der erste Blick. Der zweite „offenbart eine sehr problematische Konstellation. Inzwischen zeigt die Forschung, dass mehr Kinder und Jugendliche gesundheitliche Störungen aufweisen, die im Schnittbereich zwischen Körper, Psyche und Umwelt liegen. Beeinträchtigungen des Immunsystems, der Sinneskoordination und der psychischen und sozialen Belastungsregulation werden auffälliger". Es lassen sich nur noch wenige psychische, soziale und ökologische Schutzfaktoren ausmachen, die den Kindern helfen die Kompetenzen zu erwerben, die nötig sind, um sich adäquat mit sich selbst sowie mit der sozialen und dinglichen Umwelt auseinander zu setzen. Ursächlich für diesen Misstand sind nach Hurrelmann drei Hauptfaktoren: Fehlernährung, falsches Stressmanagement und Bewegungsmangel.

Befunde aus der Medizin und der Sportwissenschaft untermauern diese Aussagen. So sind nach neuesten Schätzungen 20% aller Kinder übergewichtig, 60% zeigen Haltungsschwächen, 40% Auffälligkeiten in der Koordination und bei 20% sind Herz- und Kreislaufschwächen diagnostiziert worden (vgl. WIAD-Studie 2004/Gesundheitsamt der Stadt Salzgitter 2002).

Insgesamt werden also zwischen den heutigen Bedingungen, unter denen Kinder aufwachsen, und die mit Begriffen wie Urbanisierung, Technisierung, Mediatisierung, Massenkonsum, Verhäuslichung, Verinselung usw. beschrieben werden, und dem defizitären motorisch-körperlichen Entwicklungsstand kausale Beziehungen angenommen. Der Mangel an Sinnes-, Bewegungs-, Spiel-, Sozial- und Selbsterfahrung hat dabei nicht nur weit reichende negative individuelle, sondern auch gesellschafts- bzw. gesundheitspolitische und finanzielle Folgen. Es scheint so zu sein, dass immer mehr Kinder nicht nur nicht mehr fit genug für die Ausübung sportlicher Aktivitäten oder für bewegungsorientierte Freizeitaktivitäten sind, sondern auch körperlichen und motorischen Anforderungen in Alltag, Schule und Beruf nur unzureichend begegnen können.

Wäre aus einer eher sportkulturfernen Perspektive der Rückgang an sportlicher Leistungsfähigkeit unter Umständen noch hinnehmbar, geht es hier vornehmlich um Leistungsmaximierung und -optimierung im Rahmen eines „Luxusprodukts", stellen Haltungsschwächen, Herz- bzw. Kreislaufinsuffizienz, Übergewicht sowie fehlende motorische Basiskompetenzen jedoch nicht nur qualitative Einbußen im Hinblick auf das individuelle Wohlbefinden dar, sondern letztendlich auch komplexe gesellschaftliche Gefährdungen bzw. Zivilisationskrankheiten, für deren Behandlung erhebliche Mittel aufgewendet werden müssen. Als spätere Eltern gibt ein Teil dieser Kinder sicherlich die „Bewegungsabstinenz" an den eigenen Nachwuchs weiter.

Wie aus den folgenden Tabellen deutlich wird, konnte der Rückgang konditioneller und koordinativer Kompetenzen mittlerweile in zahlreichen Querschnitt- und Längsschnittstudien wissenschaftlich belegt werden (vgl. Tab. 1 und 2).

In diesem Zusammenhang ist ein weiterer Aspekt von hoher Relevanz und Brisanz: Fehlende bzw. mangelhafte motorische Fähigkeiten und Fertigkeiten bei Kindern erhöhen das Unfallrisiko schlagartig. Nach Angaben des GUV (vgl. Bockhorst et al. 2004) erleiden jährlich in Deutschland ca. 1,9 Millionen Kinder bis zu 14 Jahren einen Unfall. Dabei nehmen Unfälle in Schulen und Kindertageseinrichtungen den ersten Rang ein. Kinder sind offensichtlich immer weniger in der Lage, sich richtig abzufangen, abzurollen und im richtigen Moment zu bremsen. Anders ist kaum erklärlich, dass die meisten Unfälle sich im Spiel und in der Fortbewegung ereignen und 70% davon Sturzunfälle sind.

Autor	Jahr	N	Alter	Befunde
Kunz	1993	2000	5-7	Sign. Schlechter als Normen Bös & Wohlmann 1987
Gesundheits-amt Münster	1994	537	4	19% auffällig beim KTK
Dordel, H.J.	1992	3800	6-10	30% motorisch förderungsbedürftig
Kretschmer & Giewald	2001	1672	7-10	Vergleich mit Normen Bös& Wohlmann 1987: 50% schlechter, 50% gleich oder besser
AOK Heilbronn	2001	521	7-8	MQ = 93 (schlechter als Norm)
WIAD	2002	>20000	6-18	u.a. Rückgang der Fitness um 20% bei 10-14jährigen

Tab. 1: Ausgewählte Querschnittstudien zum motorischen Leistungsstand heutiger Kinder (Quelle: BÖS 2003)

Autor	Jahr	N	Alter	Befunde
Eggert et al (2000)	1985/ 1995	300/180	7-10	Für alle Gruppen Verschlechterung der Motorischen Leistungsfähigkeit
Bös & Mechling (2002)	1976/ 2002	342/115	10	10 Tests: 7x schlechter, 1x gleich, 2x besser
Rusch & Irrgang (2002)	1986/ 1995/ 2001	269/ 850 / 2500	11-14	Vergleich zu 1986: 1995 erreichen 22% den Durchschnitt, 2001 erreichen 27% den Durchschnitt

Tab. 2: Ausgewählte Längsschnittstudien zum motorischen Leistungsstand heutiger Kinder (Quelle: BÖS 2003)

Praxisaspekte

Der immer schlechter werdende Gesundheitszustand ruft nicht nur Medizi-ner bzw. Gesundheitserzieher auf den Plan. Auch Bewegungspädagogen und Sicherheitsexperten machen seit langer Zeit auf Fehlentwicklungen auf-merksam. Sie bemühen sich im Verbund, innerhalb wie außerhalb von Kin-dergarten und Schule, günstige Bedingungen zu schaffen, in denen Kinder möglichst früh vielfältige Bewegungserfahrungen sammeln und lernen können, dass Bewegung wichtig als Ausgleich zum Stillsitzen und „Herumhängen" ist und sogar Spaß macht. Im Sinne des Beitragsthemas bedeutet dies: „Sich bewegen lernen, um gesund zu bleiben".

Abb. 1: Bewegungsfreude entwickeln

Exkurs

Ein Blick in die Geschichte zeigt indes, dass die diesbezügliche Sorge um die nachwachsende Generation keineswegs eine moderne Zeiterscheinung ist. Es gab zahlreiche Mahnungen und Warnungen von Medizinern, Pädagogen und Politikern – freilich z.T. auch aus heute nicht mehr akzeptierbaren Motiven –, die gesundheitlichen Folgen der Bewegungsarmut allgemein wie auch speziell des Stillsitzens mit Fehlhaltungen in Schule und Unterricht nicht zu unterschätzen.

So trat z.B. der Leipziger Arzt Schreber (1808-1861), nach dem die „Schreber-Gärten" benannt sind, vehement für eine gymnastische Erziehung der Kinder ein. Darüber hinaus forderte und förderte er die Errichtung öffentlicher Spielplätze. Als Folge eines „ärztlichen Blickes in das Schulwesen" plädierte er für eine tägliche Bewegungszeit. Seine Gedanken und Anregungen finden sich in dem Buch „Zimmer-Gymnastik für Schulen" (vgl. Dannenmann 1997, 20).

Im Jahre 1910 legte in Preußen ein Ministererlass fest, dass an allen Schulen täglich fünf bis zehn Minuten Freiübungen außerhalb der Pause durchzuführen sind. Im Erlass wird auf positive Erfahrungen vorangegangener Versuche verwiesen, die sich offensichtlich auch in einer gesteigerten Lern-

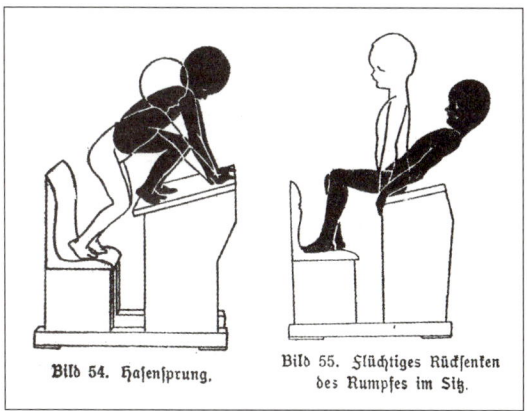

Bild 54. Haſenſprung.

Bild 55. Flüchtiges Rückſenken des Rumpfes im Siß.

Abb. 2a + b: Gaulhofer/Streicher „Natürliches Turnen"

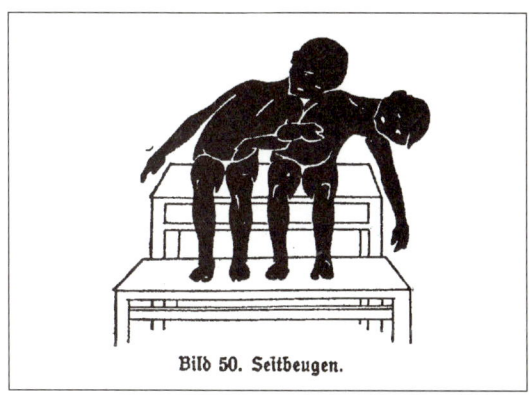

Bild 50. Seitbeugen.

bereitschaft niederschlugen. „Die Übungen sollten die Atmung vertiefen, die Verdauung und den Blutumlauf beheben, die Haltung verbessern helfen usw. ... Die damit gemachten Erfahrungen sind fast durchweg sehr erfreulich. Fast überall ist ein günstiger Einfluss der Übungen auf die Haltung sowie die körperliche und geistige Frische und Regsamkeit der Schüler festgestellt worden. Gegenüber diesem auch für den Erfolg der Unterrichtsarbeit nicht unwesentlichen Gewinne kann der verhältnismäßig sehr geringe Zeitverlust nicht ins Gewicht fallen..." (zit. n. Dannenmann 1997, 21).

Als letztes historisches Beispiel seien Karl Luitpold Gaulhofer und Margarete Streicher genannt, die in den 20er Jahren des letzten Jahrhunderts in Österreich das Konzept des sog. „natürlichen Turnens" entwickelten. Sie beeinflussten damit nachhaltig die schulische Leibeserziehung im Grundschulbereich und sorgten sogar für eine Revision des herkömmlichen Schulunterrichts. „Natürlich" nannte sich ihr Vorgehen aus mehreren Gründen. Es

155

richtete sich zum einen gegen das als „unnatürlich" empfundene Ordnungs- und Haltungssystem der Kaiserzeit (Stichwort „Spießsche"-Schulturnen), zum anderen bezogen sie auch gezielt Übungen und Spiele in der freien Natur mit ein. Die Grafiken zeigen Übungsvorschläge zur Ausgleichgymnastik.

Derzeitige Maßnahmen versuchen, an zwei verschiedenen Punkten anzusetzen: Zum einen geht es um die „Arbeit" mit dem Kind bzw. den Kindern selbst. Hier liegt eine Fülle von Praxisliteratur vor. Dabei handelt es sich sowohl um komplette Programme wie auch um Übungs- und Spielesammlungen (z.B. für die „bewegte Pause" oder „Gymnastik im Klassenraum"). Zum anderen geht es um dringend notwendige Änderungen von Kontextbedingungen. Hier werden z.B. Vorschläge entwickelt, die zu einer bewegungsfreundlichen und -auffordernden Gestaltung des Kindergartens/der Schule beitragen und einen verstärkten Einbezug des Subsystems „Familie" („Bewegungsvorbild Eltern") fordern. Das übergreifende Ziel besteht darin, dass Kinder möglichst frühzeitig „in der Bewegung" etwas über die (Wirkung von) Bewegung lernen. Sie sollen erfahren, dass Bewegung, Spiel und Sport nicht nur Wohlbefinden auslösen, sondern auch langfristige Wirkungen haben kann. Sicherlich leben Kinder im „Hier und Jetzt" und kaum ein Kind kann durch Hinweise auf „spätere Wirbelsäulenschäden" zu mehr Bewegung motiviert werden, aber es braucht nicht viel, um die Begeisterung für Bewegung zu wecken und dauerhaft zu machen.

Maßnahmen zur frühen Sicherheits- und Verkehrserziehung wollen entweder direkt ein spielerisches und bewegtes Erlernen und Einüben von Verkehrsregeln ermöglichen oder versuchen indirekt über eine allgemeine und breit gefächerte Bewegungs- und Wahrnehmungsschulung, in denen Kinder sensorische und motorische Fähigkeiten (v.a. auch Gleichgewicht) erwerben, präventiv zu wirken. So sollen Kinder sowohl Gefahren frühzeitig wahrnehmen wie auch auf diese Gefahren motorisch adäquat reagieren können (vgl. Beudels 2006, Bodkhorst et al 2004, Kunz 1993).

Konkrete Maßnahmen in der Schule zielen u.a. auf ein ergonomisches Sitz- und Arbeitsverhalten ab. Entlastungsbewegungen sollen zum einen einer Überforderung bzw. einer

Abb. 3: Mit Sicherheit bewegen

Schädigung des Bewegungsapparates entgegenwirken und zum anderen helfen die Konzentrationsfähigkeit wiederherzustellen. Weiterhin sollte über die gesamte Unterrichtszeit auf einen Wechsel von Spannung und Entspannung geachtet werden. Bewegte Pausen, durch Vorschläge angeregt, aber selbständig und individuell gestaltet, wirken in die gleiche Richtung. Die Forderung, den Weg zur Schule bzw. zum Kindergarten ohne Auto zurückzulegen, bedarf eigentlich keiner besonderen Erwähnung mehr.
Auch und gerade dem Sportunterricht in der Grundschule kommt unter dem hier dargestellten Aspekt eine besondere Bedeutung zu, gilt es doch bei Kindern in dieser Alterspanne die besonders guten motorischen Lernvoraussetzungen zu nutzen (günstige Körperproportionen, verbesserte Konzentrationsfähigkeit, hohe Mobilität). Hier Versäumtes ist nur schwer nachzuholen.

In Kooperation mit anderen Fächern können die motorischen Erfahrungen auch mit kognitiven Inhalten verknüpft werden. So bietet es sich an, z.B. im Biologieunterricht physiologische Auswirkungen körperlicher Belastung bzw. sportlichen Trainings kindgemäß zu thematisieren und mit Hilfe von Experimenten (Blutdruck-, Pulsmessung...) zu untermauern. Ebenso gibt es vielfältige Bezugspunkte zum Thema „Ernährung" wie z.B. das gemeinsame „Gesunde Frühstück".

Bedenkenswertes

Die Lage ist sicherlich ernst. Zwar sind viele gute Dinge auf den Weg gebracht, aber in vielen Bereichen müssen noch Widerstände überwunden und Missstände aufgearbeitet werden. Dennoch ist es nicht angebracht, in Panik zu verfallen. Beachtet werden sollte, dass die in vielen Studien erhobenen Befunde keinesfalls frei von Widersprüchen und methodischen Unzulänglichkeiten sind. Die Ergebnisse sollten auf dem Hintergrund der Tatsachen, dass bislang wenig repräsentative Studien vorliegen, sorgsam ausgewertet und vorsichtig interpretiert werden. Bundesweit repräsentierte Motoriktestverfahren fehlen bislang, die jeweiligen Methoden sind kaum vergleichbar und häufig werden Vergleiche zu früher ohne eine ausreichende Datenbasis gezogen werden (vgl. Bös 2003).
Zudem beruhigt ein wenig, dass heute über 80% der Kinder und Jugendlichen im Alter von 6 bis 18 Jahren Mitglied in einem Sportverein sind oder waren (eine Vereinspartizipation, die nie höher war). Darüber hinaus ist es „beeindruckend, über welches Niveau an sportlichen Fähigkeiten jugendliche Snowboarder, Skater und Mountainbiker verfügen" (Bös 2003). Noch nie beherrschte ein so hoher Prozentsatz an Kindern bereits im Schuleintrittsalter spezielle sportliche Fertigkeiten in den Sportarten.

Gewarnt werden sollte auch vor voreiligen Rückschlüssen auf vermeintlich belegte zwangsläufig negative Zusammenhänge zwischen Medienkonsum und Bewegungsverhalten. So konnte Kretschmer (2001) in einer repräsentativen Studie zeigen, dass Schulkinder, die den Computer häufig und viel nutzen, nicht unbedingt weniger aktiv Sport treiben und dass ein niedriger oder hoher Fernsehkonsum ebenfalls kaum in Beziehung zum Umfang der Spiel-, Bewegungs- und Sportzeiten zu sehen ist. Ausnahmefälle sind nur extreme Fernsehzeiten bei mehr als 36 Std. pro Woche.

Sportpädagogen wie Thiele (1999) raten deshalb dazu, den Blickwinkel zu erweitern. „Ich würde dieser Verlustperspektive eine andere Perspektive entgegensetzen, und zwar nicht die von der Gewinnseite, sondern die der Pluralität. Hochdifferenzierte Gesellschaften zeichnen sich eben nicht durch Eindimensionalität aus, sondern ... durch die Gleichzeitigkeit ... (Körperthematisierung und Verschwinden von Körperlichkeit, Verlust von primären Erfahrungen und Steigerung der Erfahrungsmöglichkeiten, Bewegungsmangel und Ausdifferenzierung der Bewegungsangebote u.a.m.) und in Konsequenz daraus, das Leben in und mit Paradoxien."

Lernen mit und in Bewegung

Problemhintergrund

„Die moderne Gesellschaft befindet sich auf dem besten Weg durch eine zunehmende technische Mobilität in eine immer stärkere körperliche Immobilität zu geraten. Besorgniserregend ist dabei vor allem, dass Kinder und Jugendliche in diese Immobilität geradezu selbstverständlich hineinsozialisiert werden." (Zimmer 2003b, 15) Nicht nur die Schule oder der Kindergarten, sondern alle an der Erziehung und Förderung von Kindern Beteiligte haben die Aufgabe, dieser Entwicklung entgegen zu wirken.

Die Möglichkeiten, selbsttätig, aus eigenem Antrieb und mit Gleichaltrigen die Welt zu erobern sind rar geworden. Räume, in denen multisensorische Erfahrungen gesammelt werden können, fehlen ebenfalls, und wenn es sie gibt, sind sie meist künstlich geschaffen. Die Ursachen sind bekannt und auch die weitreichenden Folgen der unkindgemäßen Lebens- und Entwicklungsbedingungen für die Gesundheit, die Lern- und Leistungsfähigkeit sowie das Sozialverhalten müssen an dieser Stelle nicht wieder diskutiert werden. Dennoch haben die Erkenntnisse über die Zusammenhänge von Entwicklung und Lernen auf der einen und Bewegung und Spiel auf der anderen Seite trotz vorliegender geeigneter Konzepte im Kindergarten wie in der Schule noch nicht zu durchgreifenden Veränderungen geführt. Ungünstige räumliche Verhältnisse und ein nach wie vor geringer Stellenwert von Bewegung, Spiel, Sport und Psychomotorik im Kindergarten, fehlender Mut und verkrustete Strukturen im schulischen Bereich sind nur einige Hinderungsgründe. Zudem ist zu befürchten, dass es nach den Ergebnissen der OECD-Studie und der PISA-Studie zu einer weiteren „Verkopfung" des Lernens bzw. Überbetonung kognitiver Inhalte kommt.

Mandler/Zimmer(2006) sehen in diesem Zusammenhang in der Praxis der Elementarpädagogik seit einigen Jahren einen Besorgnis erregenden Trend zur isolierten Förderung der sprachlichen (und der kognitiven) Kompetenzen, der fatal an die sog. „funktionsorientierten Curricula" der 60-er und 70-er Jahre erinnert. Eine weitere Reduzierung elementarer Bewegungserziehung geht nicht nur mit der weiter schwindenden, ohnehin schon geringen körperlichen Leistungsfähigkeit vieler Kinder einher, sondern ignoriert die in zahlreichen Untersuchungen nachgewiesenen positiven Effekte von Bewegungsangeboten auf das (schulische) Lern- und Leistungsverhalten. Demgegenüber sollte es ein Grundanliegen einer ganzheitlichen Entwicklungsförderung von Kindern sein, „eine anregungsreiche, zur Aktivität und zum Handeln auffordernde Umwelt zu schaffen, in der das Kind Körper, Bewegung und Sprache gleichermaßen einsetzen darf, um sich mit sich selbst, seiner dinglichen, räumlichen und sozialen Umwelt auseinanderzusetzen. Bevorzugtes Mittel ist dabei das Spiel. Es schafft Bewegungs- und Sprechanlässe, die dazu beitragen, das sprachliche und körpersprachliche Handlungsrepertoire ebenso zu erweitern wie das Bewegungsrepertoire. Über die Stabilisierung der Persönlichkeit, durch die Vermittlung von Erfolgserlebnissen, über den Aufbau von Vertrauen in die eigenen Fähigkeiten entwickelt sich nicht nur die Handlungs-, sondern auch die Kommunikations- und Interaktionsfähigkeit des Kindes." (Mandler/Zimmer 2006, 39)

Abb. 4: Die Welt erfahren

Was zudem fehlt ist ein einheitliches Bildungskonzept für Kinder von 0 – 10 Jahren, das die Bildungs- und Lernprozesse von Geburt an und über den Kindergarten bis zum Ende der Grundschulzeit einbezieht. Lernen im Kindergarten und schulisches Lernen müssen als gleichermaßen bedeutsam gelten. „Die Bildungspläne beider Institutionen müssen sich an gleichen Grundprinzipien orientieren, die Ausbildung muss angeglichen werden. Kindergarten wie Grundschule müssen kognitiv-logische Prozesse in kindgerechte Erfahrungen einbetten, müssen Rücksicht nehmen auf die subjektiven Interessen der Kinder, ihre Lebenslage, ihre Wahrnehmungsverarbeitung, ihr Bedürfnis nach Spiel und Bewegung und praktischem Handeln." (GEW 2004)

Immer noch werden in vielen (Grund)Schulen Bewegen und Lernen als nicht zu vereinbarende Gegensätze angesehen. Lernen hat im Sitzen stattzufinden, jegliche Regungen der Schüler werden als Störung und mögliche Behinderung des Wissenserwerbs gewertet. Wie effektiv ein Lernen mit allen Sinnen und ein Unterricht, der bewegt, Bewegung zulässt und unterschiedliche Lerntypen berücksichtigt, sind, hat sich noch nicht überall herumgesprochen. V.a. sog. „Risikokinder" („Kinder, die in der allgemeinen Schule – hauptsächlich Grundschule – die Schleppe der nachhängenden Kinder mit nicht-befriedigendem Lernerfolg bilden", Probst et al. 2004, 155) können von einem Unterricht in der herkömmlichen Form kaum profitieren.

Praxisaspekte

Bewegung wird in dem hier diskutierten Zusammenhang sowohl als ein zentraler Baustein der menschlichen bzw. kindlichen Entwicklung verstanden, ohne dessen umfassenden „Gebrauch" durch das Kind selbst Entwicklung langsamer oder ungünstig verlaufen kann, als auch als inszeniertes Medium, um in pädagogischen wie therapeutischen Zusammenhängen auf (kognitive) Entwicklung positiv einzuwirken. Damit wird eine große Bandbreite von vermuteten und wissenschaftlich recht gut belegten Wirkzusammenhängen angesprochen. Die Rolle der Bewegung innerhalb der kognitiven Entwicklung ist aus lern- bzw. entwicklungspsychologischer Sicht durch Piaget erforscht und beschrieben worden. Die Bedeutung von Bewegung, Spiel und Sport für den Aufbau eines positiven Selbstbildes ebenso wie für soziale Lernprozesse ist unbestritten. Hoffnungen, über spezifische und unspezifische Bewegungsangebote Kindern mit Entwicklungsauffälligkeiten und/oder Lernproblemen zu helfen, scheinen nicht unbegründet. Und nicht zuletzt sind offensichtlich diejenigen Menschen die besten „Lerner", die das nicht nur im Sitzen tun, sondern sich zwischendurch bewegt entspannen (dürfen).

Bemühungen, die Entwicklungs- und Lernbedingungen heutiger Kinder zu ändern bzw. zu verbessern, setzen sowohl im institutionellen wie im außerinstitutionellen Bereich an. Dabei konzentrieren sich, wenn es um Lernen geht, naturgemäß die Ansätze in erster Linie auf Schule und Unterricht, wenn auch der Kindergarten allmählich stärker in den Mittelpunkt des Interesses rückt.

Um Bewegung, Spiel und Sport für Lernen und Entwicklung zu nutzen, müssen nicht nur entsprechende strukturelle Bedingungen geschaffen werden. Ebenso muss sich auch die Erkenntnis, dass Bewegung dem Lernen nutzt, im Bewusstsein wie im praktischen Tun der pädagogischen Fachkräfte niederschlagen. In diesem Sinne sind Kürzungen bzw. Einsparungen im Bereich der Fort- und Weiterbildung kontraproduktiv.

Lernen mit und durch Bewegung hat im Übrigen eine lange pädagogische Tradition. Zu erinnern ist hier u.a. an die sog. „Philanthropen" (Basedow, Vieth, Guts Muths), die immer wieder die überragende Bedeutung der „Sinne" und des „Leibes" bei der „Erkenntnis der Welt" betonten und ihren Unterricht dementsprechend gestalteten, und an Pestalozzi, dessen Forderung nach „Lernen mit Kopf, Herz und Hand" längst zu einem geflügelten Wort geworden ist.

Unterstützt wird die These, dass Bewegung positive Effekte auf das Lernen und die Lernleistung ausübt seit einiger Zeit auch durch Befunde aus der Neurobiologie bzw. den Neurowissenschaften. So sorgt Bewegung offensichtlich für eine ausgewogenere Funktionsweise des zentralen Botenstoffsystems. Körperliches Training verbessert insgesamt die Gehirnvaskularisierung, die so genannte „Spine-Produktion" sowie die Synapsenbildung und die Neurogenese. Auch konnten über Bewegungsprogramme eine Erhöhung der Widerstandfähigkeit und Funktionssteigerung von Neuronen festgestellt werden (Hollmann 2003). Bei Bewegung Botenstoffe (Dopamin, Serotonin) werden aktiviert, so dass in diesem Zusammenhang eine Erhöhung des Adaptationsniveaus im Zentralen Nervensystem angenommen werden kann (vgl. Hollmann et al. 2004). Auch Teuchert-Noodt (2000) verweist darauf, von welch hoher Bedeutung gerade frühkindliche Bewegungserfahrungen im Hinblick auf die allgemeine Neuroplastizität des Gehirns sind. Demgegenüber führen mangelnde oder unzureichende Bewegungserfahrungen zu späteren, dann schwerer zu kompensierenden Lernschwierigkeiten.

Abb. 5: Multisensorisches Lernen

Mittlerweile konnten auch über empirische Studien die Wirkungsweise unterrichtsintegrierter bewegungsorientierter Maßnahmen auf Lernen, (Lern-) Verhalten und Lernvoraussetzungen sowie Zusammenhänge zwischen motorischer und kognitiver Leistungsfähigkeit nachgewiesen werden.

So stellten Wamser/Leyk(2003) fest, dass sich über ein Aerobictraining die Konzentrationsfähigkeit von Schülerinnen und Schülern der Jahrgangsstufe 6-9 signifikant steigern ließ. Auch Dordel/Breihecker (2003) konnten in ihrer Untersuchung der Aufmerksamkeitsleistung bei Kindern dreier Schulklassen im Verlauf des Schulvormittages z.T. hochsignifikante Unterschiede zwischen den Kindern zeigen, deren Schulalltag eher bewegungsaktiv abläuft, und jenen, die am herkömmlichen Unterricht teilnahmen. Signifikant hohe Korrelationen zwischen Konzentrationsleistungen und Körperkoordination ergaben sich auch in einer Studie von Graf/Koch/Dordel (2003) bei 668 Grundschülern. Das Ergebnis einer Studie von Olson (1994) lässt sich so zusammenfassen, dass im Vergleich zur Altersgruppe sportlichere Kinder besser in (schulischen) Prüfungen abschneiden.

Durch wissenschaftliche bzw. empirisch belegte Befunde wie auch durch Hinweise aus der Praxis selbst, die auf (alltägliche) Unzulänglichkeiten aufmerksam machen, zeichnen sich allmählich Änderungen in der Ausbildung von Erzieherinnen ab. Das Unterrichtsfach „Sport" soll in der Berufsfachschule fest verankert werden. Ebenso finden sich Wahlpflichtangebote zum Themenbereichen wie „Bewegung und Lernen" und „Bewegung und Sprache" sowie lernfeldübergreifende Unterrichtskonzepte. Auch werden angehende Erzieherinnen zumindest schon ansatzweise in die Lage versetzt, eigenständig Sport- und Bewegungsangebote zu konzipieren, umzusetzen und zu evaluieren (vgl. u.a. Krüger 2004).

Abb. 6: Zusammenhänge begreifen

Der Kindergarten als großer „pädagogischer Freiraum" (Zimmer) gestaltet sich zunehmend als multisensorischer Erfahrungs- und Lernraum, in dem Wahrnehmen, Fühlen, Denken, Sprechen und Sichbewegen gleichwertige (und oft gleichzeitige) Rollen spielen. Dies wird durch eine Reihe von Praxisansätzen belegt (vgl. Beins et al. 2001, Beins 2005, Zimmer 1993, Zimmer 2003a))

Auf die zahlreichen Beispiele „guter Praxis" im Sinne der „Bewegten Schule" kann an dieser Stelle nicht einzeln eingegangen werden. Weit über funktionale Zielsetzungen im Sinne einer primären Bewegungs- und Gesundheitsförderung hinaus wird verstärkt bewegungs- und handlungsorientierter Unterricht angeboten, der Informationen auf mehreren Sinneskanälen vermittelt und dadurch unterschiedlichen Lerntypen sowie Kindern mit Lernschwierigkeiten eher gerecht werden kann. Es kann heute niemand mehr bezweifeln, „dass sich im System Schule durch Bewegung noch erhebliche Lernreserven aktivieren lassen, und zwar in allen Fächern und keineswegs nur in der Grundschule" (Kurz 2005). Ob im Mathematikunterricht, beim Lesen- und Schreiben lernen oder in den Naturwissenschaften: Bewegung gehört mehr und mehr dazu. Darüber hinaus lassen zusätzliche außerunterrichtliche Bewegungsaktivitäten und/oder Schul(sport)projekte die Zufriedenheit und Identifikation der Schüler mit ihrer Schule wachsen. Dass sich dies auf die Lernfreude und positiv auf die Leistungsbereitschaft auswirkt, ist fast eine zwangsläufige Folge.

Abb. 7: Mit Zahlen spielen

Bewegung kann zudem zu einer besseren Integration aller Schüler führen und zur Förderung von lern- und leistungsschwächeren Schülern beitragen. Gemeinsames Spielen und Bewegen stärkt nicht nur das Zusammengehörigkeitsgefühl, sondern vermittelt auch schnell individuelle Erfolgserlebnisse. Dabei wird aus erfolgreichen Projekten zur Bewegten Schule berichtet, dass Aggressionen von Schülerinnen und Schülern spürbar abgebaut werden konnten.

Aber auch von außerschulischen Initiativen und Angeboten gehen Impulse aus. So tragen u.a. (Sport-)Vereine und Psychomotorikangebote dazu bei, dass die Bedeutung von Bewegung, Spiel und Sport in der Lebens- und Alltagswelt von Kindern über niederschwellige adressatengerechte Angebote wieder mehr an Bedeutung gewinnt (hier sind v.a. die Konzepte und Ansätze erwähnenswert, die die Familie einbeziehen und wohnortnah Projekte inszenieren). Darüber hinaus hatten und haben ihr Wirken unzweifelhaft Einfluss auf Schule und Unterricht. „Vor allem im Umkreis der Sportpädagogik, der Psychomotorik und der Sonderpädagogik hat sich ein Repertoire bewährter Praxis der Lernförderung durch Bewegung herausgebildet. Wenn wir das für alle Schulen und alle Schulformen nutzen wollen, bieten sich nicht zuletzt die Sportlehrkräfte, die Bewegungsexperten in der Schule, als Multiplikatoren an." (Kurz 2005)

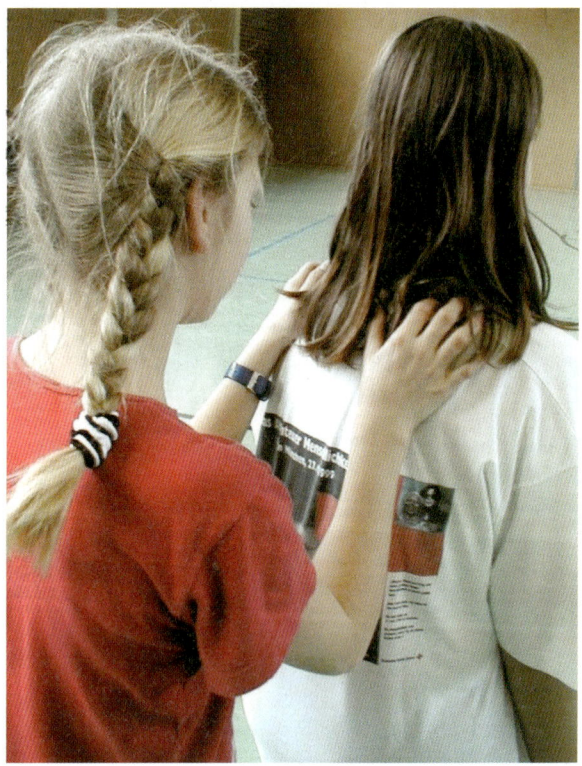

Abb. 8: Sich entlasten

Bedenkenswertes

Es ist trotz aller Forschungsbemühungen noch wenig darüber bekannt, wie Menschen bzw. Kinder lernen. Die Erfolge, die über Bewegung, Spiel und Sport für das Lernen ausgelöst werden können, widersprechen dieser Aussage. Dennoch ist nicht jeder bewegungs- und handlungsorientierter Unterricht oder jedes Bewegungsprogramm für jedes Kind in jedem Alter per se wirksam. Nur dadurch, dass man beim Lesenlernen die Buchstaben in einem Sandbecken ertasten muss, ist der Erfolg nicht garantiert (vgl. Funke-Wieneke 1997). Unspezifische Wirkfaktoren, die sich der Evaluation entziehen, haben – wie in allen anderen Bereichen der Erziehung und Förderung auch – einen entscheidenden Anteil am Entwicklungs- und Lernprozess. Zudem sind die Zusammenhänge zwischen motorischer und kognitiver Leistungsfähigkeit individuell sehr unterschiedlich (vgl. Seewald 2003). Es gibt genügend Beispiele von Menschen, die hochintelligent sind, und dennoch mit Bewegung, Spiel und Sport nicht viel zu tun haben wollen oder aufgrund von Behinderung nichts zu tun haben können.

Auf die Vielfalt an Lerntypen und Lernstrategien und die Notwendigkeit, diesen in Schule und Unterricht gerecht zu werden, macht auch Hölter aufmerksam. Zudem gibt er zu bedenken, dass Schule auch die Aufgabe hat, den kindlichen Bewegungsdrang in gewisser Weise abzubauen, zu formen und zu strukturieren. „Hierzu gehört eine Rhythmisierung des Schulalltags mit Zeiten der An- und Entspannung, der Ruhe und Bewegung, der Stille und des Redens". (Hölter 1997, 124).

Bewegung lernen

Problemhintergrund

Kindergarten und Schule haben für eine allseitige und umfassende Bildung des Kindes Sorge zu tragen. Es kann kaum bezweifelt werden, dass zumindest für das Kindesalter Bewegung, Spiel und Sport unverzichtbare Bestandteile von Bildung und Erziehung sind. Im Gegensatz zu den oben beschriebenen Bereichen steht hier also die „Erziehung zur Bewegung" im Blickpunkt. Einer garantierten und qualitativ hochwertigen institutionalisierten Vermittlung des Kulturgutes „Bewegung" standen und stehen eine Reihe von Schwierigkeiten und Hindernissen im Wege. Sie können an dieser Stelle nur angedeutet werden.

Für den Kindergarten stellt nach wie vor die mangelhafte bzw. unzureichende Ausbildung im Fach Bewegungserziehung ein großes Problem dar. Obwohl hier schon Reformbemühungen erkennbar sind, findet eine intensive theoretische und praktische Auseinandersetzung mit dem Phänomen „Sport/ Bewegungskultur" in den Ausbildungsgängen zum Beruf der Erzieherin nur unzureichend statt. Daneben sind räumliche und materielle Bedingungen in vielen Institutionen mangelhaft, sie können z.T. sogar als bewegungsfeindlich bzw. -abstinent bezeichnet werden.

Ungünstige organisatorische bzw. ökologische Rahmenbedingungen sowie auch eine Überalterung der (Sport-)Lehrerschaft sind mitverantwortlich dafür, dass in Schule und Sportunterricht dieser Bildungs- und Lernbereich nicht in ausreichendem und qualitativ befriedigendem Maße angeboten werden kann, wobei hier auch schulformtypische Faktoren unterschieden werden müssen. So belegen die Ergebnisse der SPRINT-Studie (DSB et al. 2005) u.a., dass Sportunterricht häufig fachfremd unterrichtet wird, immer noch zahlreiche Stunden ausfallen und oft die Gruppengröße einen vernünftigen Unterricht kaum noch zulässt. Ebenfalls scheint es nach wie vor schwierig, sport- und bewegungsferne Schüler in den Sportunterricht sowie in das außerunterrichtliche Sport- und Spielangebot einzubeziehen.

Letztlich spielen auch außerhalb von Kindergarten und Schule liegende Gründe eine große Rolle, dass „Bewegung, Spiel und Sport" als Lernbereich in seiner Bedeutung zurückgedrängt wird. Nach wie vor – und eigentlich noch zunehmend – gilt, was Dannenmann schon vor zehn Jahren formulierte: „Viele Eltern sehen zunehmend Probleme darin, daß ihr Nachwuchs in einem immer enger werdenden Arbeitsmarkt gute Berufsaussichten und Karrierechancen hat. Ihre Entwicklungsförderung wird deshalb immer stärker eingeengt auf die Bereiche, die nach der Einschätzung der Eltern gute Zukunftschancen eröffnen. Dazu gehören Bewegung, Spiel und Sport nicht." (Dannenmann 1997, 28)

Praxisaspekte

Sich bewegen können und die Teilhabe am kulturellen System Sport ist eine Lebensaufgabe, deren Grundlagen v.a. in der Kindheit angelegt werden. Die entsprechenden Fähigkeiten, Fertigkeiten und Einstellungen müssen sich entwickeln, vermittelt und gefördert werden. Diese Bedeutung macht neben anderen Bewegung, Spiel und Sport als eine zentrale Dimension des menschlichen Handelns und Erlebens zu einem wertvollen und unverzichtbaren Bildungsgut. Man kann „auch behaupten und belegen, dass ,Sich-Bewegen' eine eigenständige, durch keine andere Verhaltensweise wirklich zu ersetzende menschliche Weltbegegnung und Welterfahrung ist. [...] Deshalb gehört es zu einer anthropologisch einsichtigen Menschenbildung, das Sich-Bewegen anzuregen und zu kultivieren. Menschen können springen, laufen, werfen, schwimmen, gestisch Bedeutungen ausdrücken und vieles andere mehr" (Funke-Wienecke 1997, 113).

Hier hat sich in den letzten Jahren unzweifelhaft viel Positives getan. Für den Kindergartenbereich lässt sich beispielsweise ablesen, dass in den Orientierungsplänen durchweg ein mehrperspektivisches Bildungsverständnis formuliert wird, das Spielen und Bewegen als ein zentrales Bildungs- und Entwicklungsfeld sieht. Die Bedeutung früher positiver Bewegungserfahrung wird zunehmend erkannt ebenso wie dem Bedürfnis der Kinder nach Spielen und Bewegung allmählich umfassend Rechnung getragen wird. Auch die Bemühungen um eine verbesserte Kooperation zwischen Kindergarten und Grundschule wirken hier hinein.

Abb. 9: Bewegungsrepertoire erweitern

Realisierte Ansätze finden sich dabei nicht nur im „Bewegten Kindergarten" oder in „Sportkindergarten". Auch ein breites Fort- und Weiterbildungsangebot für Erzieherinnen hat hier sicherlich Früchte getragen.
Die in der SPRINT-Studie (DSB et al. 2005) festgestellte allmähliche Abkehr von den so genannten „sportartorientierten Lehrplänen", in denen Sportarten die zentralen Gegenstände des Unterrichts sind bzw. waren, und die Hinwendung zu bzw. Einführung von so genannten „bewegungsfeldorientierten Lehrplänen" verankert eher das Bildungsgut „Sport und Bewegung" als dass es ihm schadet. Hier werden unter einer Doppelperspektive „Erziehung zum und durch Sport" Bewegungsfelder als zentrale Inhalte des Unterrichts angeboten, die sicherlich mehr Schüler für Spiel und Sport begeistern können, als dies bei einer eindimensionalen Orientierung an Sportarten der Fall war.

Bedenkenswertes

An dieser Stelle kann nun keine Lehrplandiskussion mit dem Thema: „Was ist nützlich für Gegenwarts- und Zukunftsgestaltung?" geführt werden. Zentrales und oft kontrovers diskutiertes Problem war, ist und bleibt die Auswahl dessen, was Kinder bzw. Schüler im Sportunterricht und in der Bewegungserziehung lernen sollen. Selbst wenn dies unter Beteiligung der Kinder bzw. Schüler geschieht, ändert sich zumindest für die Grundschule nichts daran, dass Bewegung damit „pflichtig" wird und dies dem zunächst „ungezügelten Bewegungsdrang" der Kinder entgegen tritt. Sie wird damit „außengeleitet und fremdbestimmt", was nicht direkt zur Ablehnung, jedoch zumindest zu Konfliktsituationen führen kann (vgl. Ehni 1997). Es ist wichtig hier einen Weg zu finden, der einerseits nicht jeder Modeströmung nachgeht, und andererseits den Sportunterricht und die Bewegungserziehung nicht zu einem „Museum für tradierte Sportarten" werden lässt (vgl. DSB et al. 2005).

Weiterhin ist zu bedenken, dass das „Konzept Bewegte Schule" jeweils im spezifischen Kontext realisiert werden muss. Die Umsetzung als umfassende Aufgabe liegt „im Zuständigkeitsbereich aller Lehrerinnen und Lehrer einer Schule; diejenigen mit Sportfakultas können in besonderer Weise für das Thema sensibilisieren und Initiative ergreifen, aber sie bedürfen immer der kollegialen Unterstützung. Daher müssen auch Maßnahmen auf dem Weg zu einer bewegteren Schule in das pädagogische Konzept der jeweiligen Schule eingebunden sein, müssen gemeinsamen entwickelt und getragen werden." (Balz 2003)

Schlussbemerkung

Aus drei verschiedenen Perspektiven wurden Zusammenhänge und Beziehungen zwischen Lernen und Bewegung aufgezeigt und diskutiert. Unterschieden wurde zwischen Bewegung als Mittel der Gesunderhaltung und/oder Wiederherstellung von Gesundheit, Bewegung als Medium von Entwicklung und Lernen sowie Bewegung als Lerngegenstand selbst. Die isolierte Betrachtung soll nicht die vielfältigen Überschneidungen verdecken. Kindgerecht und altersentsprechend vermittelt ist es nur ein kleiner Schritt von der „Ausgleichsgymnastik" zur allgemeinen „Bewegungsfreude", und Kinder, die schon früh „Bolzen", Rad- und Rollerfahren gelernt haben, spielen wahrscheinlich auch mehr und lieber draußen mit anderen Kindern. Bis die hier vorgestellten Praxisansätze flächendeckend greifen ist es sicherlich noch ein weiter Weg.

Notwendig sind dazu u.a. ein weiterer Ausbau und nicht eine Kürzung von Fort- und Weiterbildung. Hier sollten auch Themen wie Förderdiagnostik, Elternarbeit- und -beratung, Gestaltung von Räumlichkeiten usw. auf der Tagesordnung stehen. Darüber hinaus müssen Bewegung, Spiel und Sport als Pflichtinhalte der Ausbildung zum Erzieherinnenberuf und des Studiums eines Lehramtes für die Primarstufe wie für die Sonderschule betrachtet werden.

Wenn Bewegung als ein Angebot in Kindergarten und Schule sowie außerhalb der Bewegungserziehung und des Sportunterrichts etabliert werden und dies auch angenommen werden soll, ist darüber hinaus eine Partizipation bzw. Beteiligung der Kinder und Jugendlichen unabdingbar. Und nicht zuletzt sollten Politiker noch stärker als bislang in die Pflicht genommen werden, sich nicht nur positiv zum Thema zu äußern, sondern auch aktiv zu werden, wenn es gilt, Vorschläge und Erkenntnisse von Wissenschaftlern wie Praktikern umzusetzen.

Literatur

Balz, E. (2003): Zur Qualität des außerunterrichtlichen Schulsports und der bewegten Schule. www.learnline.de (bes. am 23.4.2005)

Beins, H.J./Cox, S. (2001): Die spielen ja nur!? Dortmund: borgmann

Beins, H.J. (2005): Türme, Brücken, Murmelbahn. Bauen und konstruieren im Kindergarten. Freiburg: Herder

Beudels, W. (2003): Raufen und Rangeln. Das soll Bewegungs- und Entwicklungsförderung sein?. In: **Anspieler, A.** (Red.): Fürsorge und Aufsicht in Kindergärten und Kindertagesstätten. Ratgeber Sicherheit. Raabe: Berlin

Beudels, W. (2006): Kinder im Gleichgewicht – Rollen als Element der Gleichgewichtsförderung. In: **Pantel, G.** (Hrsg.): Fürsorge und Aufsicht in Kindergärten und Kindertagesstätten. Ratgeber Sicherheit. Berlin: Raabe

Bös, K. (2002): Bündnis „Gesunde Kinder". Vortrag auf dem Stuttgarter Sportkongress 09.11.2001 GesundeKinder.pdf und Schwerin 2002.pdf

Bockhorst, R./Masuhr, A. (2004): Wahrnehmungs- und Bewegungsförderung in Kindertageseinrichtungen. GUV-Informationen Sicherheit und Gesundheitsschutz in Kindertageseinrichtungen. Bundesverband der Unfallkassen München

Braun, K. (2006): Auf den Anfang kommt es an: Wie Gehirne laufen lernen. In: **Fischer, K. et al.**, (Hrsg.): Bewegung in Bildung und Gesundheit. 50 Jahre Psychomotorik in Deutschland. Verlag Aktionskreis Literatur und Medien: Lemgo. 13-29

Breithecker, D. (1997): In die Schule kommt Bewegung. Sinnes- und bewegungsaktives Lehren und Lernen im Lebensraum Schule. In: **Dannemann et al.**, 61-70.

Breithecker, D./Dordel, S. (2003): Bewegte Schule als Chance einer Förderung der Lern- und Leistungsfähigkeit. In: Haltung und Bewegung (23) 2, 5-15

Dannenmann, F./Hanning-Schosser, J./Ullmann, R. (Hrsg.) (1997): Schule als Bewegungsraum. Konzeptionen – Positionen – Konkretionen. Ministerium für Kultus, Jugend und Sport Baden-Württemberg

Dannenmann, F. (1997): Schule als Bewegungsraum. In: **Dannemann et al.**, 19-30.

Deutscher Sportbund/Deutsche Sportjugend/Kultursministerkonferenz (Hrsg.) (2005): Die DSB-Sprintstudie. Eine Untersuchung zur Situation des Schulsports in Deutschland. Abschlussbericht: Universität Paderborn

Dordel, S./Breithecker, D. (2003): Bewegte Schule als Chance einer Förderung der Lern- und Leistungsfähigkeit. In: Haltung und Bewegung 23 (2), 5-15

Ehnni, H. (1997): Kindliches Bewegungsleben und schulische Bewegungserziehung. In: **Dannenmann et al.**, 86-107.

Ertel, H. (2005): Sagen Sie mal: Können Sie die Menschen wirklich intelligenter machen? In: PM Januar 2005, S. 24 – 29

Fischer, K./Knab, E./Berenz, M. (Hrsg.) (2006): Bewegung in Bildung und Gesundheit. 50 Jahre Psychomotorik in Deutschland. Verlag Aktionskreis Literatur und Medien: Lemgo.

Funke-Wienecke, J. (1997): Vom Sitzraum zum Bewegungsraum. In Dannenmann et al., 109-109

Gesundheitsamt der Stadt Salzgitter (2002): Was uns bewegt. Einschulung 2000/2001. http://www.salzgitter.de (bes. am 10.10.2005)

GEW (2004): Bildung ohne umsteigen. Ein Positionspapier der GEW zum Orientierungsplan, zum Konzept „Schulreifes Kind" und zum Übergang Kindergarten-Grundschule

Graf, CH./ Koch, B./Dordel, S. (2003): Körperliche Aktivität und Konzentration – gibt es Zusammenhänge? In: Sportunterricht (5), 142- 146

Grünke, M. (2006): Der Stellenwert der Psychomotorik in der Lernförderung von Kindern und Jugendlichen mit gravierenden Schulschwierigkeiten. In: **Fischer, K. et al.**, 32-44.

Hollmann, W./Strüder, H. K./ Tagarakis, C. V. M. (2003): Körperliche Aktivität fördert Gehirngesundheit und -leistungsfähigkeit. In: Nervenheilkunde 9, 467

Hollmann, W./Strüder, H. (2003): Gehirngesundheit, -leistungsfähigkeit und körperliche Aktivität. In: Deutsche Zeitschrift für Sportmedizin 54 (2003) Heft 9, 265 – 266

Hölter, G. (1997): Schule als Bewegungsraum? Überlegungen zu Mobilität und Awareness – Desomatisierung und Triebkontrolle. In: **Dannemann et al.**, 121-124.

Hurrelmann, K. (2003): Aus dem Rhythmus geraten. – Erziehung und Wissenschaft, 6.12.2003In: www.gew-sportkommission.de

Illi, U. (1995): Bewegte Schule. Die Bedeutung und Funktion der Bewegung als Beitrag zu einer ganzheitlichen Gesundheitsbildung im Lebensraum Schule. In: Sportunterricht 10

Köckenberger, H. (2004): Bewegtes Lernen – Psychomotorik im Klassenzimmer. Lesen, Schreiben Rechnen Lernen mit dem ganzen Körper. In: **Köcken-**

berger, H./Hammer, R. (Hrsg.): Psychomotorik – Ansätze und Arbeitsfelder. Dortmund: verlag modernes lernen, 448-472

Kretschmer, J. (1994): Bauen und Bewegen. In: Sportpädagogik, 18 (4)

Krüger, F.W. (2004): KMK 2000: Zur Zukunft der Ausbildung von Erzieherinnen im Bereich Bewegungserziehung/Sport. In: **Zimmer, R./Hunger, I.** (Hrsg.): Wahrnehmen – Bewegen – Lernen. Schorndorf: Hofmann, 113-117

Kurz, D. (2005): Gute Schulen brauchen guten Schulsport. Vortrag bei der internationalen Fachtagung „Sicherheits- und Gesundheitsförderung im Schulsport". Velen, 9.12.2005. In: www.uni-bielefeld.de/Sport

Mandler, J./Zimmer, R. (2006): Sprach- und Bewegungsentwicklung bei Kindern im Vorschulalter. In: Motorik 29(1), 33-40

Prohl, R./Seewald, J. (1998): Offene Bewegungserziehung in Kindergärten – Bericht über ein kombiniertes Fortbildungs- und Forschungsprojekt in Thüringen. In: Motorik (21) 2, 58-68

Seewald, J. (2003): Grundannahmen und Erfahrungswerte der Psychomotorik zu Lernen und Bewegung. Vortrag für das Symposium „Lernen und Bewegung" des Landesinstitut für Schule (Soest 18.11.2003)

Spitzer, M. (2002): Lernen, Gehirnforschung und die Schule des Lebens. Spektrum, Heidelberg

Teuchert-Noodt, G. (2000): Informationen aus der Neurobiologie. Teil I, Neurodidaktik – eine neue Didaktik? In: Biologie in der Schule 1/2000, 49-51

Thiele, J. (1999): Un-Bewegte Kindheit? Anmerkungen zur Defizithypothese in aktuellen Körperdiskursen. In: Sportunterricht 48 (4), 132-146

Wamser, P./Leyk, D. (2003): Einfluss von Sport und Bewegung auf Konzentration und Aufmerksamkeit. Effekte eines „Bewegten Unterrichts" im Schulalltag. In: Sportunterricht 52 (4), 108-113

WIAD – Wissenschaftliche Institut der Ärzte Deutschlands (2004): WIAD-AOK-DSB-Studie II. Bewegungsstatus von Kindern und Jugendlichen in Deutschland. www.wiad.de (besucht am 10.12.2004)

S. Wittekowske, S. (1997): Spezifische Möglichkeiten der Verbindung einer fächerübergreifenden Bewegungserziehung mit neuen Konzepten der Gesundheitserziehung. In: Konferenzbericht Symposium Bewegte Schule. 22. und 23. November 1997 in Dresden

Zimmer, R. (1993): Handbuch der Bewegungserziehung. Freiburg: Herder

Zimmer, R. (2003a): Schafft die Stühle ab! Was Kinder durch Bewegung lernen. Freiburg: Herder

Zimmer, R. (2003b): Nach Pisa: Toben macht schlau. Kinder brauchen Sport und Bewegung. In: Bündnis 90/Die Grünen (Hrsg.): Die tägliche Sportstunde und die „bewegte Schule". Dokumentation einer Fachtagung – Februar 2003, 12-16

Bezugsquellen und Adressen

Bezugsquellen:

Bewegungsmaterialien nach Elfriede Hengstenberg
Basisgemeinde Wulfshagenerhütten
Zum Wohld 4, D-24214 Gettorf
Tel.: (0 43 46) 50 44

Bewegungsbausteine aus Schaumstoff
Südpfalzwerkstatt gGmbH, Werk Wörth
Im Wolfsgewann 1, D-76744 Wörth
Tel.: (0 72 71) 92 37-44, Fax: (0 72 71) 92 37-49
www.suedpfalzwerkstatt.de, E-Mail: info@suedpfalzwerkstatt.de

VARUSSELL, Cobal, Rollbretter, Rollbrettbahn, Hau-Ruck-Bahn
VARUSSELL, Technik und Bewegung GmbH,
Stieldorfer Straße 1, D-53229 Bonn
Tel.: (02 28) 48 16 78, Fax: (02 28) 48 59 58
www.varussell.com

Loquito:
Gebr. Hagedorn
Frongasse 15, D-52388 Wissersheim
Tel.: (0 24 26) 90 13 64, Fax: (0 24 26) 90 13 65
www.loquito.de, E-Mail: info@hagedorn-spiel.de

Sonstige Hersteller psychomotorischer Materialien:

Karl H. Schäfer
Großer Kamp 6-8, D-32791 Lage/Heiden
Tel.: (0 52 32) 6 59 82, Fax: (0 52 32) 6 76 91
www.schaefer-lage.de, E-Mail: Mail@Schaefer-Lage.de

G. Benz Turngerätefabrik GmbH+Co
Grüningerstr. 1-3, D-71364 Winnenden
Tel.: (0 71 95) 69 05-0, Fax: (0 71 95) 69 05 77
www.benz-sport.de, E-Mail: info@benz-sport.de

SPORT-THIEME GmbH
D-38367 Grasleben
Tel.: (0 53 57) 1 81 81, Fax: (0 53 57) 1 81 90
www.sport-thieme.de

Fortbildungen zu den Themen des Buches und Zusatzqualifikation Psychomotorik:

Rheinische Akademie im Förderverein Psychomotorik
Wernher-von-Braun-Str. 3, D-53113 Bonn
Tel.: (02 28) 243394-44, Fax: (02 28) 243394-22
E-Mail: akademie@psychomotorik-bonn.de
www.psychomotorik-bonn.de

Über die Autoren

Marion Jost

arbeitet als Ergotherapeutin in der Frühförderung und betreut entwicklungsauffällige und behinderte Kinder und deren Familien. Außerdem leitet sie Erlebnisturngruppen für Kinder von 1,5 - 3,5 Jahren. Sie hat Zusatzqualifikationen in der Psychomotorik und der systemischen Familienberatung erworben. In der Erwachsenenbildung bietet sie Kurse zum Erlebnisturnen für Kinder von 1,5 - 3,5 Jahren an.

Hans Jürgen Beins

arbeitet als Sportpädagoge und Leiter der Rheinischen Akademie im Förderverein Psychomotorik Bonn. Er ist seit vielen Jahren in der Entwicklungsbegleitung von

Kindern und Jugendlichen und in der Fort- und Weiterbildung tätig. Seit 1994 organisiert er hauptverantwortlich einmal jährlich Fachtagungen und Kongresse zu psychomotorischen Themen. Er ist Autor zahlreicher Fachbücher und Filme.

Cornelia Scholl

arbeitet als Leiterin des Förderzentrums E. J. Kiphard im Förderverein Psychomotorik Bonn.

Sie ist seit vielen Jahren in der Entwicklungsförderung von Kindern und Jugendliche tätig, dabei liegt ihr die Begleitung eines heilpädagogischen Kindergartens sehr am Herzen. Als Mitglied des Lehrteam der Rheinischen Akademie arbeitet sie in der Fort- und Weiterbildung von Erzieherinnen, Heilpädagogen und Lehrern.

Rudolf Lensing

arbeitet als Sportpädagoge und Geschäftsführer im Förderverein Psychomotorik Bonn. Er ist Autor verschiedener Fachbücher im Bereich der Psychomotorik und Referent der Rheinischen Akademie sowie Mitglied der Arbeitsgruppe Gesundheit und Bewegung der Bertelsmann-Stiftung. Daneben widmet er sich dem Thema Gleichgewicht, für das er auch eine Reihe spezifischer Geräte entwickelt hat.

Barbara Lensing

arbeitet als Grundschullehrerin an der Marienschule Bonn in jahrgangsgemischten Klassen. Neben der Orientierung an reformpädagogischen Konzepten von Freinet und Montessori gilt ihr besonderes Augenmerk der Grundlegung und Verstärkung von Lernprozessen durch einen bewegten und bewegenden Unterricht.

Patrick Reinecke

ist Grundschulpädagoge mit den Fachbereichen Sport und Mathematik und Sonderschulpädagoge mit den Fachbereichen geistig, körperliche und motorische Entwicklung. Er leitet eine Klasse an der Bonner Königin-Juliana-Schule, einer Förderschule mit dem Schwerpunkt geistige Entwicklung. Er hat Zusatzqualifikationen in den Bereichen Psychomotorik, Mathematik und Diagnostik erworben und war vier Jahre als Sonderpädagoge im gemeinsamen Unterricht tätig.

Birgit Hahnemann

arbeitet als Diplom-Sportlehrerin und systemische Familienberaterin (SG) im Förderverein Psychomotorik Bonn und leitet dort die Beratungsstelle für Kindesentwicklung. Sie ist seit vielen Jahren in der Entwicklungsbegleitung von Kindern und Jugendlichen tätig und rief im Jahr 2000 das „Projekt M" ins Leben. Sie gestaltet als Mitarbeiterin des Lehrteams der Rheinischen Akademie Fortbildungen zur „Systemischen Familienberatung", zur „kindgemäßen Entspannung" und zum psychomotorischen Umgang mit Übergewicht.

Beate Salz

arbeitet als Lehrerin für Sport, Deutsch, Mathematik, Biologie und Psychomotorik an der Gemeinschaftshauptschule in Overath. Sie war im Förderverein Psychomotorik viele Jahre in der Entwicklungsförderung von Kindern und drei Jahre in einer kinder- und jugendpsychiatrischen Praxis tätig. Im Lehrteam der Rheinischen Akademie und in der Lehrerfortbildung gestaltet sie Fortbildungen mit Themen wie „Bewegtes Lernen" und „Entspannungsformen in der Schule".

Dr. Wolfgang Beudels

ist Lehrer für Sport und Geschichte. Als wissenschaftlicher Mitarbeiter unterrichtet er an der Fakultät Rehabilitationswissenschaften der Universität Dortmund das Fach Bewegungserziehung und Bewegungstherapie. Seit vielen Jahren ist er in Bonn in der psychomotorischen Entwicklungsförderung von Kindern und Jugendlichen sowie in der Fort- und Weiterbildung tätig. Er ist Autor zahlreicher Beiträge und Fachbücher.